高职高专"十三五"规划教材

财经管理系列

ITMC企业经营管理沙盘实训指导

金志芳　许紫霞　主　编
陈小秀　杨汇凯　副主编

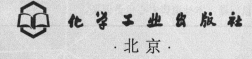

北京

本书是经管专业企业经营管理沙盘模拟实训教材。本书依托 ITMC 企业经营管理沙盘模拟软件，按照企业经营管理的流程和任务驱动的教学模式安排学生的实训内容，主要内容包括企业经营管理中的生产管理、营销管理、财务管理、战略决策等，分为 ITMC 企业经营管理沙盘概述、实物沙盘经营、电子沙盘经营三个部分，体现工学结合、过程导向、学生主体等课程建设理念，指导学生做中学，学中思，进而从整体上掌握企业经营管理的相关理念。本书适合高职高专相关专业学生使用，也可作为企业人员工作参考用书。

图书在版编目（CIP）数据

ITMC 企业经营管理沙盘实训指导/金志芳，许紫霞主编．—北京：化学工业出版社，2019.9（2023.7 重印）
ISBN 978-7-122-34688-9

Ⅰ.①I… Ⅱ.①金…②许… Ⅲ.①企业经营管理－计算机管理系统－教材 Ⅳ.①F272.7

中国版本图书馆 CIP 数据核字（2019）第 118971 号

责任编辑：王　可　蔡洪伟　于　卉　　　　装帧设计：张　辉
责任校对：宋　夏

出版发行：化学工业出版社（北京市东城区青年湖南街 13 号　邮政编码 100011）
印　　装：天津盛通数码科技有限公司
787mm×1092mm　1/16　印张 8　字数 185 千字　2023 年 7 月北京第 1 版第 5 次印刷

购书咨询：010-64518888　　　　　　售后服务：010-64518899
网　　址：http://www.cip.com.cn
凡购买本书，如有缺损质量问题，本社销售中心负责调换。

定　　价：32.00 元　　　　　　　　　　　　　　　　　　版权所有　违者必究

前　言

企业经营管理沙盘演练，又称为企业沙盘模拟培训，源自西方军事上的战争沙盘模拟推演。战争沙盘模拟推演跨越了通过实兵军演检验与培养高级将领的巨大成本障碍和时空限制，普遍应用于世界各国。企业培养优秀管理人才同样面临代价高昂的困扰，因此，英、美知名商学院和管理咨询机构开发出了企业沙盘模拟培训这一新型现代培训模式。

中教畅享（北京）科技有限公司开发的 ITMC 企业经营管理沙盘，将物理教具和软件平台相结合，融入市场变数，结合角色扮演、情景模拟、讲师点评，使受训学员在虚拟的市场竞争环境中，全真体会企业数年的经营管理过程，运筹帷幄，决战商场。本教材依托 ITMC 企业经营管理沙盘模拟软件及物理教具，按照企业经营管理的流程组织学习内容，使学生在模拟企业经营决策的过程中体验得失、总结成败，对企业的运作有一个感性认识，进而从整体上掌握企业经营管理的相关理念。

另外，由全国电子商务职业教育教学指导委员会主办、中教畅享承办的 ITMC 全国企业经营管理沙盘模拟赛项自 2008 年开赛以来，已经连续举办十届，现已构建通识、嵌入、专业三个层次的课程体系，成为提升创业素质和能力、营造良好创业环境、构建创新创业人才培养平台的重大举措。此比赛每年都有百来所学校参赛，而且很多学校都已开设了相关的实训课程。本教材主要用于 ITMC 企业经营管理沙盘的实训教学和赛前的训练和辅导，也可以作为企业培训学员手册。

本书由常州工程职业技术学院金志芳、许紫霞主编，九江职业技术学院陈小秀、浙江经济职业技术学院杨汇凯副主编，浙江经贸职业技术学院沈飚、广州科技贸易职业技术学院胡伟、河南质量工程职业技术学院芦婷、山东畜牧兽医职业学院王维新参与编写，由中教畅享（北京）科技有限公司副总经理潘洪峰主审。

在本书编写过程中，得到了中教畅享（北京）科技有限公司副总经理潘洪峰、江苏地区经理赵超的热情帮助，吸取了同行和企业的许多宝贵意见，参考了部分国内外同行的研究成果，得到了许多领导和同事的关心和指导，对此表示衷心的感谢。

由于编写时间仓促，书中难免有不妥之处，敬请广大读者批评指正。

编 者

2019 年 4 月

目 录

1 ITMC 企业经营管理沙盘概述 — 1
1.1 沙盘经营背景 — 2
1.2 组建企业团队 — 2
1.2.1 管理团队 — 2
1.2.2 设计企业文化 — 3
1.3 经营规则 — 5
1.3.1 竞单规则 — 5
1.3.2 交货规则 — 5
1.3.3 贷款规则 — 5
1.3.4 生产规则 — 5
1.3.5 市场开拓与认证 — 7
1.4 企业经营的流程 — 7
1.4.1 期初经营 — 7
1.4.2 期中经营 — 7
1.4.3 期末经营 — 7
1.5 经营得分规则 — 8

2 实物沙盘经营 — 9
【项目介绍】— 10
【学习目标】— 10
【项目操作设定】— 10
2.1 熟悉岗位职责，经营起始年 — 11
【本年度操作注意事项】— 11
2.1.1 实施企业经营 — 11

  2.1.2 学习与思考 …………………………………………… 16
  2.1.3 知识链接——角色岗位职责 …………………………… 18
2.2 制定经营思路，经营第 1 年 ……………………………………… 19
 【本年度操作注意事项】………………………………………… 19
  2.2.1 制定企业经营策略 ……………………………………… 20
  2.2.2 实施企业经营 …………………………………………… 22
  2.2.3 学习与思考 ……………………………………………… 25
  2.2.4 知识链接——企业文化与使命 ………………………… 27
2.3 制定财务计划，经营第 2 年 ……………………………………… 30
 【本年度操作注意事项】………………………………………… 30
  2.3.1 制定企业经营策略 ……………………………………… 30
  2.3.2 实施企业经营 …………………………………………… 34
  2.3.3 学习与思考 ……………………………………………… 37
  2.3.4 知识链接——企业资金筹集来源与管理 ……………… 39
2.4 制定生产计划，经营第 3 年 ……………………………………… 41
 【本年度操作注意事项】………………………………………… 41
  2.4.1 制定企业各项计划 ……………………………………… 41
  2.4.2 实施企业经营 …………………………………………… 45
  2.4.3 学习与思考 ……………………………………………… 48
  2.4.4 知识链接——企业生产运营 …………………………… 50
2.5 制定经营思路，经营第 4 年 ……………………………………… 52
 【本年度操作注意事项】………………………………………… 52
  2.5.1 制定企业各项计划 ……………………………………… 52
  2.5.2 实施企业经营 …………………………………………… 56
  2.5.3 学习与思考 ……………………………………………… 59
  2.5.4 知识链接——目标市场营销（STP）分析 …………… 61
2.6 学会财务分析，经营第 5 年 ……………………………………… 63
 【本年度操作注意事项】………………………………………… 63

  2.6.1　制定企业各项计划 …………………………………… 64
  2.6.2　实施企业经营 ………………………………………… 68
  2.6.3　学习与思考 …………………………………………… 71
  2.6.4　知识链接——企业财务分析 ………………………… 73
 2.7　分析企业战略，经营第 6 年 ………………………………… 78
 【本年度操作注意事项】 …………………………………………… 78
  2.7.1　制定企业各项计划 …………………………………… 78
  2.7.2　实施企业经营 ………………………………………… 82
  2.7.3　学习与思考 …………………………………………… 85
  2.7.4　知识链接——企业战略规划 ………………………… 87

3　电子沙盘经营 ——————————————— 91

 【项目介绍】………………………………………………………… 92
 【学习目标】………………………………………………………… 92
 【项目操作设定】…………………………………………………… 92
 3.1　第 1 年经营 …………………………………………………… 93
 3.2　第 2 年经营 …………………………………………………… 96
 3.3　第 3 年经营 …………………………………………………… 99
 3.4　第 4 年经营 …………………………………………………… 102
 3.5　第 5 年经营 …………………………………………………… 105
 3.6　第 6 年经营 …………………………………………………… 108

附录 ——————————————————————— 111

 沙盘教具介绍 ……………………………………………………… 112
  1.1　沙盘牌面介绍 ………………………………………………… 112
  1.2　沙盘订单介绍 ………………………………………………… 113
  1.3　具体教具介绍 ………………………………………………… 114

利润表编制说明 …………………………………………… 116

资产负债表编制说明 ………………………………………… 117

竞单顺序记录表 …………………………………………… 118

参考文献 ——————————————————— 119

1
ITMC 企业经营管理沙盘概述

1.1 沙盘经营背景

沙盘模拟训练起源于美国哈佛大学的 MBA 教学，是集知识性、趣味性、对抗性于一体的企业管理技能训练课程。在 20 世纪 90 年代，沙盘模拟培训开始在欧洲、日本等一些发达国家的企业界和教育界风行。进入 21 世纪，沙盘培训逐渐进入中国，并为广大中国企业界精英所熟知，成为国内大中型企业内训和高校教学的最先进工具。目前沙盘培训已成为世界 500 强企业中 80% 的中高层管理人员经营管理培训的首选课程。

中教畅享（北京）科技有限公司开发的 ITMC 企业经营沙盘基础背景设定为一家已经经营若干年的生产型企业，参加项目的学员被分成 N 组，每组 4～5 人，每组各代表不同的企业。每个小组成员将分别担任企业的重要职位（总裁、财务总监、营销总监、生产总监、研发总监等），每组要亲自经营一家拥有一定资产且销售良好、资金充裕的企业，连续从事 6 个会计年度的经营活动。面对同行竞争对手、产品老化、市场单一化的情况，企业要如何保持成功及不断的成长是每位成员面临的重大挑战。该项目涉及整体战略、产品研发、设备投资改造、生产能力规划、物料需求计划、资金需求规划、市场与销售、财务经济指标分析、团队沟通与建设等多个方面。

每一年度经营结束后，学员们通过对企业当年业绩的盘点与总结，反思决策成败，解析战略得失，梳理管理思路，暴露自身误区，并通过多次调整思路与改进经营策略，切实提高综合管理素质。运用相同的资金和相同的规则，通过不同的手段，通过 6 年的企业运营之后产生不一样的结果。最终根据每个企业的利润和资产等信息由软件给出经营得分结果进行排名。

1.2 组建企业团队

1.2.1 管理团队

学员以自荐的方式产生企业的总裁（CEO），CEO 在班级内招聘企业高层管理人员，进行双向互选，分成 N 小组（每组 4～5 位学员），每个组成立一个企业，根据企业职位（总裁、财务总监、营销总监、生产总监、研发总监）进行职位分工，并按照职位座位表（图 1-2-1）就座。

该企业主要负责人的职务名称和职务内容如表 1-2-1 所示，分工完成后将小组成员分工填入表 1-2-1 中。

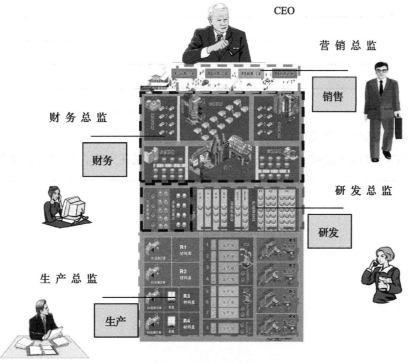

图 1-2-1 职位座位表

表 1-2-1 企业主要负责人及职务内容

职务	职务内容	姓名
总裁（CEO）	负责企业的整体战略决策	
财务总监（CFO）	负责企业的资金运作	
营销总监（CSO）	负责接洽市场订单、产品销售和市场开拓	
生产总监（COO）	负责原材料采购、产品生产和生产线改造	
研发总监（CRO）	负责研发新产品和产品认证	

1.2.2 设计企业文化

（1）企业名称与含义

即将接手的企业是一家经营情况良好的本地企业，主力产品是 P1，产品的技术含量较低，竞争不激烈，原管理层风格比较保守，在技术开发和市场开发方面投入比较少，倾向于保持现状。根据权威市场咨询企业的信息，在未来几年，企业目前的主力产品 P1 的销量将持续下降，而且，企业目前主要投入的本地市场容量有限，缺乏成长性。

由于现有企业管理层风格过于保守，企业董事会认为在日益变化的市场环境下，需要对现有高层管理人员作出调整，而在座的各位就是被董事会选中的企业新的高层管理团队。新的管理团队建立后第一步就是企业文化建设。

企业名称：_____

_____

_____

名称含义：_____
_____
_____
_____
_____

（2）企业 LOGO 与含义

企业 LOGO 可以手画或者利用电脑完成后打印出来贴在下方，并说明其含义。

（3）企业文化

（4）经营思路

1.3 经营规则

1.3.1 竞单规则

按每个市场单一产品投入的广告费用由高到低依次选择订单。

（1）若该市场该产品广告投入相同，则比较该产品所有市场广告投入之和。

（2）若单一产品所有市场广告投放相同，则比较所有产品所有市场的广告总投入。

（3）若所有产品所有市场的广告总投入也相同，则根据广告提交时间先后确定选单顺序。

1.3.2 交货规则

（1）加急订单第一季度交货，无法按时交货就按订单金额 1/5 罚款。

（2）其他订单一年内完成交货，无法按时交货则按订单金额 1/5 罚款。

（3）交货后，货款按订单上的账期放入应收账款对应账期；若账期为 0，则货款直接放入现金区。

1.3.3 贷款规则

（1）融资方式，详见表 1-3-1。

表 1-3-1 融资方式

融资方式	规定贷款时间	贷款额度	还贷规定	利率 /%	贷款单位
短期贷款	每季任何时间	上年所有者权益 ×2- 已贷短期贷款	到期一次还本付息	5	20M 整数倍
民间融资	每季任何时间	上年所有者权益 ×2- 已贷民间融资	到期一次还本付息	15	
长期贷款	每年年末	上年所有者权益 ×2- 已贷长期贷款	年底支付利息到期还本	10	

（2）贴现按 7 的倍数取应收账款，其中 1/7 为贴现费用，6/7 放入现金区，贴现时首先取账期最长的应收账款进行贴现。

1.3.4 生产规则

（1）产品研发周期及费用见表 1-3-2。

表 1-3-2 产品研发周期及费用

产品	P2	P3	P4
研发周期	1.5 年（6Q）	1.5 年（6Q）	1.5 年（6Q）
研发费用	6M	12M	18M

（2）产品 BOM 结构（图 1-3-1）

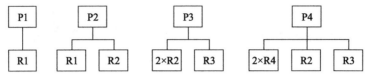

图 1-3-1　产品 BOM 结构

（3）原料采购规则（表 1-3-3）

表 1-3-3　原料采购规则

原材料采购（每个原料价格 1M）		账期
每次每种原材料采购	5 个以下	现金
	6～10 个	1Q
	11～15 个	2Q
	16～20 个	3Q
	21 个以上	4Q

（4）生产线建设、变更规则（表 1-3-4）

表 1-3-4　生产线建设、变更规则

生产线	手工	半自动	全自动	柔性
购买价	5M	8M	16M	24M
安装周期	无	2Q	4Q	4Q
生产周期	3Q	2Q	1Q	1Q
出售残值	1M	2M	4M	6M
变更周期	无	1Q	2Q	无
变更费用	无	1M	4M	无

（5）加工费用（表 1-3-5）

表 1-3-5　加工费用

产品＼产品线	手工线	半自动线	全自动线/柔性线
P1	1M	1M	1M
P2	2M	1M	1M
P3	3M	2M	1M
P4	4M	2M	1M

1.3.5 市场开拓与认证

（1）市场开拓周期与费用（表1-3-6）

表1-3-6 市场开拓周期与费用

市场	本地市场	区域市场	国内市场	亚洲市场	国际市场
开拓周期	开放	1年	2年	3年	4年
开拓费用	无	1M/年	1M/年	1M/年	1M/年

（2）ISO认证周期与费用（表1-3-7）

表1-3-7 ISO认证周期与费用

认证项目	ISO 9000（质量）	ISO 14000（环境）
认证周期	2年	4年
认证费用	1M/年	1M/年

1.4 企业经营的流程

1.4.1 期初经营

期初经营包含支付应交税、计划新的一年（制定企业经营策略）、制定广告方案、参加竞单订单。

期初经营要根据上一年经营的结果，分析市场需求和竞争状况制定广告方案，通过竞单结果对本年度企业经营进行计划和决策。

1.4.2 期中经营

期中经营主要包含四个季度的经营，内容有短期贷款/支付利息（含民间融资/支付利息）、更新应收款/归还应付款（含贴现）、下原料订单、产品研发投资、更新生产/完工入库、购买或调整生产线、开始新的生产、交货给客户、支付行政管理费用。

期中经营每个季度的经营步骤都是一样的，除了新增短期贷款（含民间融资）、贴现、新增生产线之外，其他步骤都是不可逆的。

1.4.3 期末经营

期末经营主要包含的内容有长期贷款（含归还长期贷款/支付利息/新增长期贷款）、支付设备维修费、购买（或租赁）厂房、折旧、市场开拓、ISO资格认证、关账。

期末经营是年末经营结算，根据当年的经营情况为下一年进行市场开发和认证开发，同时完成综合费用明细表、利润表和资产负债表，并进行关账和记录得分。

1.5 经营得分规则

ITMC 企业经营沙盘每年年终关账时都会显示分数，影响这个分数的主要因素是权益和经营状况。具体计算规则如下。

（1）得分计算公式

$$各组得分 = 权益 \times (1 + 总分/100)$$

（2）总分计算原则

① 开发完成的市场：区域加 10 分，国内加 15 分，亚洲加 20 分，国际加 25 分。

② 开发完成的 ISO 认证：ISO 9000 加 10 分，ISO 14000 加 15 分。

③ 目前拥有的安装完成的生产线：手工线每条加 5 分，半自动线每条加 10 分，全自动线每条加 15 分，柔性线每条加 15 分。

④ 目前拥有的自主产权的厂房：A 厂房加 15 分，B 厂房加 10 分，C 厂房加 5 分。

⑤ 研发完成的产品：P2 产品加 5 分，P3 产品加 10 分，P4 产品加 15 分。

⑥ 未借高利贷加 20 分，未贴现加 20 分。

2
实物沙盘经营

【项目介绍】

为了让学员对企业经营管理有感性的认识,这一轮的企业经营采用 ITMC 实物沙盘教具和企业经营管理沙盘软件相结合进行,用沙盘教具将企业经营活动具体化、形象化,让经营活动看得见、摸得着。在此过程中,各组学员各司其职,通过计算企业经营流程的各项数据、移动沙盘教具、记录各项表格,理解企业经营的各项数据及其对企业经营管理造成的影响,能够制订企业各项经营计划,顺利开展企业经营,并在分析经营结果的基础上不断调整企业的经营策略。

【学习目标】

(1)能力目标

① 能初步认识企业的组织结构和工作流程,根据职业要求开展企业管理工作;

② 能根据企业的经营目标和任务,开展企业文化建设活动;

③ 能针对企业经营活动进行环境、资源分析,初步制定企业的生产、研发、营销、财务等计划;

④ 能根据市场预测报告进行市场分析,制定企业 STP 策略;

⑤ 能进行产能估计和采购管理,根据市场需要和企业的生产状况合理组织生产;

⑥ 能根据企业的需要筹集资金;能制作简单的企业财务报表;

⑦ 能根据计划实施和控制各项企业经营管理任务;

⑧ 能根据企业的经营情况和财务报表进行财务分析;

⑨ 能进行企业市场环境分析,对企业经营战略进行分析。

(2)知识目标

① 了解企业的组织结构、企业的工作流程,掌握企业主要管理岗位的工作职责;

② 了解企业文化及企业文化管理的概念,明确企业文化的组成结构;

③ 了解三大财务报表的结构和数据含义,掌握企业利润的组成及主要来源;

④ 理解 BOM 结构图的含义,了解生产管理的内容;

⑤ 掌握企业筹集资金的渠道及其优缺点;掌握财务分析的主要指标;

⑥ 了解企业经营战略的概念,熟悉企业经营战略规则的内容。

(3)素质目标

① 培养学员在不同场合的语言表达能力、与人沟通和协调的技巧和能力;

② 培养学员注意细节、耐心细致的良好品质;

③ 培养学员自主学习的能力;

④ 培养学员的耐压力和承受力;

⑤ 培养学员树立执行意识的基本观点(纪律、责任、服从);

⑥ 培养学员能预见可能出现的问题,能想方设法克服困难,解决问题。

【项目操作设定】

(1)企业经营管理沙盘软件设定与要求

① 企业经营过程中如果遇到企业破产可以追加股东投资,所有组别统一追加上限为 40M~60M;若个别组实在需要大量追资,可以进行单独追加,确保能够完成六年的经营;

② 企业经营过程中不允许使用转让产品，但可以进行紧急原料采购；

③ 设置 CEO 控制权限为开放 CEO 所有权限；竞单模式采用网络竞单模式；运行模式采用教学模式；根据参赛队数设定软件参赛组数；

④ 无随机事件。

（2）企业经营管理沙盘竞赛软件时间控制

比赛过程中广告投放时间限定为 10 分钟，超时将失去选单机会；每年经营总时间（竞单结束至关账为每年经营总时间）限定为 120～150 分钟。

2.1　熟悉岗位职责，经营起始年

【本年度操作注意事项】

本年度企业经营操作为教师带领学员熟悉企业经营流程和规则，不计入评分结果。在此提醒以下几点。

（1）第一季度和期末经营在老师带领下完成，学员跟随老师操作即可。

（2）第二、三、四季度学员可以自由决策经营，主要目的是进一步熟悉企业经营规则和流程。

（3）在企业经营过程中，注意每一位企业成员都要做好相关表格的记录。

2.1.1　实施企业经营

2.1.1.1　制定广告方案（表 2-1-1）

表 2-1-1　广告方案

年度	市场类别	本地	区域	国内	亚洲	国际
第 0 年	P1					
	P2					
	P3					
	P4					

2.1.1.2 登记销售订单（表 2-1-2）

表 2-1-2　销售订单

编号											合计
市场											
产品名称											
账期											
单价											
数量											
总额											
成本											
毛利润											
未售（标×）											

2.1.1.3 任务清单——第0年（表2-1-3）

表2-1-3 第0年任务清单

上年权益		期初现金		上年短期贷款		上年民间融资	
任务	1季度	2季度	3季度	4季度
支付上年应交税费				
支付广告费用				
归还短期贷款及利息				
归还民间融资及利息				
新增短期贷款				
新增民间融资				
更新应收账款				
归还应付账款				
接受并支付已定货物				
下原材料订单				
产品研发投资				
更新生产				
完工入库				
调整（变卖/变更）生产线				
购买/更新生产线				
开始新的生产				
交货给客户				
支付行政管理费用				
其他（贴现/紧急采购/罚金/追加投资）				
归还长期贷款及利息				
新增长期贷款				
支付设备维修费				
租赁厂房				
购买厂房				
折旧费用				
市场开拓				
ISO资格认证				
关账（记录得分）				

2.1.1.4 现金收支表（表 2-1-4）

表 2-1-4　现金收支表

项目	1 季度	2 季度	3 季度	4 季度
期初现金				
支付上年应交税费				
支付广告费用				
归还短期贷款及利息				
归还民间融资及利息				
新增短期贷款（+）				
新增民间融资（+）				
应收账款到期（+）				
归还应付账款				
接受并支付已定货物（现金）				
产品研发投资				
变更（生产线）费用				
变卖生产线（+）				
购买/更新生产线				
加工费				
交货现金收入（0 账期）（+）				
支付行政管理费用				
其他（贴现费用/紧急采购费用/罚金/追加投资）				
归还长期贷款及利息				
新增长期贷款				
支付设备维修费				
购买厂房				
租赁厂房				
市场开拓投资				
ISO 认证投资				
收入总计				
支出总计				
现金余额				

（说明：收入为正，支出为负）

2.1.1.5 综合费用表（表2-1-5）

表2-1-5 综合费用表

项目	金额	备注
广告费用		
产品研发投资		
变更（生产线）费用		
行政管理费用		
设备维修费用		
厂房租金		□区域　□国内　□亚洲　□国际
市场准入开拓		□ ISO 9000　□ ISO 14000
ISO 资格认证		P2（　）　P3（　）　P4（　）
合计		

2.1.1.6 利润表（表2-1-6）

表2-1-6 利润表

项目		年初	年末
销售收入	+		
直接成本	−		
毛利润	=		
综合费用	−		
折旧前利润	=		
折旧费用	−		
支付利息前利润	=		
财务收入/支出	+/−		
额外收入/支出	+/−		
税前利润	=		
所得税（25%）	−		
年度净利润	=		

2.1.1.7 资产负债表（表 2-1-7）

表 2-1-7 资产负债表

资产	年初	年末	负债+权益	年初	年末
固定资产			负债		
土地和建筑	+		长期负债	+	
机器和设备（含在建工程）	+		短期负债	+	
总固定资产	=		应付账款	+	
流动资产			应交税费	+	
现金	+		总负债	=	
应收账款	+		权益		
在制品	+		股东资本	+	
产成品	+		利润留存	+	
原材料	+		年度净利润	+	
总流动资产	=		所有者权益	=	
总资产	=		负债+权益	=	

2.1.2 学习与思考

2.1.2.1 小组讨论

（1）通过一年经营，你有哪些体会和收获？

（2）在企业中，你的职位是什么？你认为这个工作岗位的主要职责有哪些？

（3）你在经营过程中关心的是什么问题？你认为做好本职工作要具备哪些能力？

2.1.2.2 个人小结

完成该环节任务后，根据自身学习和操作情况将自己的认识和收获进行总结。

2.1.3 知识链接——角色岗位职责

2.1.3.1 企业总裁（CEO）岗位职责

企业总裁（CEO）是最大的行政长官，战略一把手。负责制定企业发展战略规划，带领团队共同完成企业决策，审核财务状况，听取企业盈利（亏损）状况。

（1）对公司所有重大事务和人事任免进行决策。决策后，权力就下放给具体主管，CEO具体干预较少。

（2）营造企业文化。CEO不仅要制定公司的大政方针，还要营造一种促使员工愿意为公司服务的企业文化。

（3）把公司的整体形象推销出去。CEO的另一个重要职责是企业形象推广，推销的对象可能是公司的投资者、现有和潜在的客户、债权人及其他利益相关者。

2.1.3.2 营销总监（CSO）岗位职责

营销总监（CSO）的岗位职责是分析市场，制订企业营销计划，积极拓展新市场；合理投放广告；根据企业生产能力取得匹配的客户订单；沟通生产部门按时交货；监督货款的回收。

（1）协助CEO制定全面的销售战略；
（2）制定并组织实施完整的销售方案；
（3）与客户、同行业间建立良好的合作关系；
（4）引导和控制市场销售工作的方向和进度；
（5）组织部门开发多种销售手段，完成销售计划及回款任务；
（6）管理销售人员，帮助建立、补充、发展、培养销售队伍；
（7）掌握市场动态，熟悉市场状况并有独特见解；
（8）有效地管理全国的经销商；
（9）主持公司重大营销合同的谈判与签订工作；
（10）协助处理大客户投诉，跟踪处理投诉结果，并进行客户满意度调查；
（11）进行客户分析，建立客户关系，挖掘用户需求；
（12）深入了解本行业，把握最新销售信息，为企业提供业务发展战略依据；
（13）完成CEO临时交办的其他任务。

2.1.3.3 财务总监（CFO）岗位职责

财务总监（CFO）岗位职责是筹集和管理资金；做好现金预算，管好用好资金；支付各项费用，核算成本；按时报送财务报表，做好财务分析。

（1）在董事会和总经理领导下，总管公司会计、报表、预算工作。
（2）负责制定公司利润计划、资本投资、财务规划、销售前景、开支预算或成本标准。
（3）制定和管理税收政策方案及程序。
（4）建立健全公司内部核算的组织、指导和数据管理体系，以及核算和财务管理的规章制度。

（5）组织公司有关部门开展经济活动分析，组织编制公司财务计划、成本计划、努力降低成本、增收节支、提高效益。

（6）监督公司遵守国家财经法令、纪律以及董事会决议。

2.1.3.4　生产总监（COO）岗位职责

生产总监（COO）岗位职责是制订生产计划，组织企业内部的生产工作；执行和控制生产计划，控制生产成本；保持合理存货，及时交货；组织新产品研发，扩充改进生产设备。

（1）全面统筹企业生产；

（2）合理调配企业资源；

（3）根据公司战略，制定中长期的企业生产计划；

（4）优化生产流程、提高生产效率、改进企业效益。

2.1.3.5　研发总监（CRO）岗位职责

研发总监（CRO）岗位职责是根据公司发展战略，拟定公司中远期研发计划，把握研发方向；指导并监督研发部门执行公司研发战略和年度研发计划；控制产品开发进度，调整计划；组建优秀的产品研发团队，审核及培训考核有关技术人员。

（1）对整个公司技术研发监督、控制、协调；

（2）技术部人力资源管理与分配；

（3）公司产品的可持续性发展管理规划；

（4）技术部门的人员绩效考核；

（5）技术培训规划；

（6）计划执行的考核；

（7）技术发展步骤的整体监控；

（8）控制各个技术部的研发协调进展。

2.2　制定经营思路，经营第1年

【本年度操作注意事项】

第1年是开局之年，既要大致确定企业的经营思路，又要尽快熟悉企业规则。在操作上注意随时关注相关的操作规则，在此提醒以下几点。

（1）变卖生产线时，折旧按生产线价值的1/3（四舍五入）折旧，生产线价值不足3的，每年折旧1M，折完为止。生产线的净值＝生产线价值－折旧。

（2）购买生产线时注意厂房不要选错。

（3）注意长期贷款的合理运用。

2.2.1 制定企业经营策略

2.2.1.1 计划新的一年（表 2-2-1）

表 2-2-1 年度计划

期初	1 季度	2 季度	3 季度	4 季度	期末

2.2.1.2 制定广告方案（表 2-2-2）

表 2-2-2 广告方案

年度	市场类别	本地	区域	国内	亚洲	国际
第 1 年	P1					
	P2					
	P3					
	P4					

2.2.1.3　登记销售订单（表 2-2-3）

表 2-2-3　销售订单

编号												合计
市场												
产品名称												
账期												
单价												
数量												
总额												
成本												
毛利润												
未售（标×）												

2.2.2 实施企业经营

2.2.2.1 任务清单——第 1 年（表 2-2-4）

表 2-2-4　第 1 年任务清单

上年权益		期初现金		上年短期贷款		上年民间融资	
任务	1 季度	2 季度	3 季度	4 季度			
支付上年应交税费							
支付广告费用							
归还短期贷款及利息							
归还民间融资及利息							
新增短期贷款							
新增民间融资							
更新应收账款							
归还应付账款							
接受并支付已定货物							
下原材料订单							
产品研发投资							
更新生产							
完工入库							
调整（变卖/变更）生产线							
购买/更新生产线							
开始新的生产							
交货给客户							
支付行政管理费用							
其他（贴现/紧急采购/罚金/追加投资）							
归还长期贷款及利息							
新增长期贷款							
支付设备维修费							
租赁厂房							
购买厂房							
折旧费用							
市场开拓							
ISO 资格认证							
关账（记录得分）							

2.2.2.2 现金收支表（表 2-2-5）

表 2-2-5 现金收支表

项目	1季度	2季度	3季度	4季度
期初现金				
支付上年应交税费				
支付广告费用				
归还短期贷款及利息				
归还民间融资及利息				
新增短期贷款（+）				
新增民间融资（+）				
应收账款到期（+）				
归还应付账款				
接受并支付已定货物（现金）				
产品研发投资				
变更（生产线）费用				
变卖生产线（+）				
购买/更新生产线				
加工费用				
交货现金收入（0账期）（+）				
支付行政管理费用				
其他（贴现费用/紧急采购费用/罚金/追加投资）				
归还长期贷款及利息				
新增长期贷款				
支付设备维修费				
购买厂房				
租赁厂房				
市场开拓投资				
ISO 认证投资				
收入总计				
支出总计				
现金余额				

（说明：收入为正，支出为负）

2.2.2.3 综合费用表(表2-2-6)

表2-2-6 综合费用表

项 目	金 额	备 注
广告费用		
产品研发投资		
变更(生产线)费用		
行政管理费用		
设备维修费用		
厂房租金		□区域　□国内　□亚洲　□国际
市场准入开拓		□ ISO 9000　□ ISO 14000
ISO 资格认证		P2(　)　P3(　)　P4(　)
合计		

2.2.2.4 利润表(表2-2-7)

表2-2-7 利润表

项 目		年 初	年 末
销售收入	+	36	
直接成本	−	−14	
毛利润	=	22	
综合费用	−	−9	
折旧前利润	=	13	
折旧费用	−	−5	
支付利息前利润	=	8	
财务收入/支出	+/−	−2	
额外收入/支出	+/−	0	
税前利润	=	6	
所得税(25%)	−	−2	
年度净利润	=	4	

2.2.2.5 资产负债表（表2-2-8）

表2-2-8 资产负债表

资产		年初	年末	负债+权益		年初	年末
固定资产				负债			
土地和建筑	+	32		长期负债	+	40	
机器和设备（含在建工程）	+	10		短期负债	+	0	
总固定资产	=	42		应付账款	+	0	
流动资产				应交税费	+	2	
现金	+	20		总负债	=	42	
应收账款	+	18		权益			
在制品	+	8		股东资本	+	45	
产成品	+	8		利润留存	+	9	
原材料	+	4		年度净利润	+	4	
总流动资产	=	58		所有者权益	=	58	
总资产	=	100		负债+权益	=	100	

2.2.3 学习与思考

2.2.3.1 小组讨论

（1）什么是企业文化？企业文化有什么特点？

（2）请搜集2个相类似的著名企业的文化内涵，并做对比分析。

（3）什么是企业使命？企业使命有什么意义？

（4）请搜集 2～3 个相类似的著名企业的企业使命，并作对比分析。

2.2.3.2 个人小结

完成任务后，将自己的认识收获进行总结。

2.2.3.3 小组 PPT 汇报

小组根据以下要点进行讨论，并将讨论结果制作成 PPT，文件名定为"组号＋企业文化"，并由企业总裁（CEO）进行汇报。

（1）企业名称与含义。

（2）企业标识（Logo）设计与含义。

（3）企业文化。

（4）经营思路。

2.2.4 知识链接——企业文化与使命

2.2.4.1 企业文化的概念

有企业和企业管理的地方，就有企业文化的存在。身居企业，我们时时刻刻在与企业文化打交道。当我们接触到其他企业时，这些企业中最明显、最不同寻常的特质常常会引起我们的关注和兴趣。而当我们身居其中，企业文化现象又时隐时现，难于察觉。但不管你是否注意，文化其实就在你的身边。不同的企业有着不同的文化。例如，当你进入一个企业，你就能"感觉到"该企业的氛围，人们是如何彼此打招呼的，或者他们是如何看待你的。人们谈论的事，或人们保持沉默的事，办公室的设备、布告栏及许许多多不出声的暗示都能向你展示企业的文化。但我们往往不会觉察到企业文化，这是因为文化已经如此深地扎根于人们日常的工作与生活之中。我们的信念、价值观和行为方式已经内化其中变得不可觉察。同时因为我们每个人关注的方面不同，对企业文化的描述也不尽相同。而只有在我们所习惯的事物发生变化时，当我们遇到了不同于我们所习惯的事物时，才会注意到企业文化的存在。

企业文化又称为公司文化，这个名词出现于 20 世纪 80 年代。由于人们对企业文化关注的角度不同，人们对企业文化的定义也各有不同。

约翰·科特和詹姆斯·赫斯克特在其《企业文化与经营业绩》一书中指出，企业文化通常代表一系列相互依存的价值观念和行为方式的总和。这些价值观念、行为方式往往为一个企业全体员工所共有，往往是通过较长的时间沉淀、留存下来的。

查尔斯·希尔和盖塞洛斯·琼斯认为，企业文化是企业中人们共同拥有的特有的价值观和行为准则的聚合，这些价值观和行为准则构成企业中人们之间和他们与企业外各利益方之间的交往方式。

清华大学教授张德认为，企业文化是企业全体员工在长期的创业和发展过程中培育形成并共同遵守的最高目标、价值标准、基本信念及行为规范。

上海德村文化研究所所长曹世潮先生认为，文化是特定人群当下普遍自觉遵守的观念和方式系统。

在综合国内外学者观念的基础上，现阶段对企业文化的普遍定义为：企业文化是企业员工所普遍认同并自觉遵循的一系列理念和行为方式的总和。通常表现为企业的使命、愿景、价值观、管理模式、行为准则、道德规范和沿袭的传统与习惯等。

2.2.4.2 企业文化管理的概念

企业文化管理是指通过文化建设，形成一套适应企业发展战略的文化体系，并使广大员工认同企业所倡导的文化体系，达成共识，从而有效发挥文化的导向、激励、凝聚、约束等功能，以最大程度实现多层面自主管理的一种现代管理方式。

企业文化管理，旨在建立一套适应公司发展战略的文化体系，以这一套适应性的文化体系贯穿、整理、提升和完善企业的管理制度和行为规范，使之体现出这种适应性文化的要求。同时必须用这种文化塑造员工的思想，使他们为这种文化所指引，深刻认同这种文化，成为这种文化的自觉执行者和推动者，从而使企业的市场行为一致化、自觉化，企业内部管理行为有机化，从整体上提高企业的竞争力。

2.2.4.3 企业文化的基本结构

企业文化通常是由企业理念文化、企业制度文化、企业行为文化和企业物质文化等四个层次所构成。

（1）企业理念文化

企业理念文化是指企业在长期的生产经营过程中形成的文化观念和精神成果，是一种深层次的文化现象，在整个企业文化的系统中，它处于核心的地位。

企业理念文化通常包括企业使命、企业愿景、企业精神、企业价值观、企业伦理道德、企业作风等内容，是企业意识形态的总和。

（2）企业制度文化

企业制度文化是得到企业广大员工认同并自觉遵从的由企业的领导体制、组织形态和经营管理形态构成的外显文化，是一种约束企业和员工行为的规范性文件。它是企业文化的中坚和桥梁，使企业文化中的物质文化和理念文化有机地形成一个整体。企业制度文化一般包括企业领导体制、企业组织机构、企业经营制度、企业管理制度和一些其他特殊制度。

（3）企业行为文化

企业行为文化是指企业员工在生产经营、学习娱乐中产生的活动文化。它包括在企业经营、教育宣传、人际关系活动、文体活动等活动中产生的文化现象。它是企业经营作风、精神风貌、人际关系的动态体现，也是企业理念的折射。

（4）企业物质文化

企业文化作为社会文化的一个子系统，其显著的特点是以物质为载体，企业物质文化是它的外部表现形式。优秀的企业文化总是通过重视产品的开发、服务的质量、产品的信誉和企业生产环境、办公环境、文化设施等物质现象来体现的。企业物质文化是企业文化系统的表层文化，是由企业员工创造的产品和各种物质设施等构成的文化现象，主要包括以下几个方面。

① 企业名称、标识、标准字、标准色。这是企业物质文化最集中的外部体现。
② 企业外貌、建筑风格、办公室和车间的设计和布置的方式等。
③ 产品的特色样式、外观和包装。
④ 技术工艺设备特性。
⑤ 企业旗帜、歌曲、服装、吉祥物等。
⑥ 企业的文化体育生活设施。
⑦ 企业造型和纪念性建筑物。
⑧ 企业的文化传播网络。

2.2.4.4 企业理念文化

企业理念文化是指企业在长期的生产经营过程中形成的文化观念和精神成果，是一种深层次的文化现象。在整个企业文化系统中，它处于核心的地位。企业理念文化通常包括企业使命、企业愿景、企业价值观和企业精神等核心理念。

（1）企业使命

企业使命在于回答"企业的业务是什么"这一关键性问题，并表明企业存在的根本目的和理由。企业使命描述了企业的主导产品、市场和核心技术领域，反映了企业的宗旨与价值观。使命是企业一种根本的、最有价值的、崇高的责任和义务，即回答我们在干什么和为什么干这个。

（2）企业愿景

企业愿景是指组织成员普遍接受并认同的组织的长远目标。企业愿景阐述了人们希望达成什么目标，是他们所能达到的理想的未来状况形成的概念。企业愿景不同于一般的短期目标，它往往更笼统，描绘了一幅更远大的前景。

（3）企业价值观

从某种角度来说，价值观就是一个组织的基本理念和信仰。企业价值观的内涵就是企业全体员工（或多数）赞同的最有价值的对象，它是本企业努力追求的最高目标、最高理想或最高宗旨。

（4）企业精神

企业精神是现代意识与企业个性相结合的一种群体意识，它往往以简洁而富有哲理的语言形式加以概括，通过司训、司歌等形式形象地表现出来。一般来说，企业精神是企业广大员工共同一致、彼此共鸣的内心态度、意志状态和思想境界。

企业精神是企业广大员工在长期生产经营活动中逐步形成的，并经过企业家有意识的概括、总结、提炼而确立的思想成果和精神力量，它是企业优良传统的结晶，是维系企业生存发展的精神支柱。

2.2.4.5 案例：京东的企业文化

（1）企业的标识（Logo）（图2-2-1）

图2-2-1　京东企业标识

（2）企业使命：科技引领生活

（3）企业愿景：成为全球最值得依赖的企业

依赖 = 放心・省心・称心

对客户：提供极致的服务和体验。
对员工：提供公平发展的舞台，实现更有尊严的生活。
对股东：带来持续、稳健的价值回报。
对社会：做心存感恩、责任担当的企业公民。
（4）企业价值观：正道成功　客户为先　只做第一
正道成功是基业长青的价值信仰
客户为先是一切工作的价值标准
只做第一是持续引领的价值驱动

2.3 制定财务计划，经营第 2 年

【本年度操作注意事项】

第 2 年是比较关键的一年，企业需要进行企业经营布局的再确认，学员们应通过竞单情况分析其他企业的产品策略从而确定自己企业的产品策略及经营思路。本年度学员们应在进一步熟悉企业经营规则的基础上注意以下几点。

（1）在操作进入下一季度时前，一定要注意预留足够的现金进行短期贷款还本付息，避免因资金流断裂而破产；

（2）投放广告时应提前了解各个细分市场的产品需求，避免投错市场；

（3）营销总监选单时应根据企业的产能来进行，不要因多选而带来不必要的罚款；

（4）注意企业不要因过度扩张而导致所有者权益急剧下降。

2.3.1 制定企业经营策略

2.3.1.1 计划新的一年（表 2-3-1）

表 2-3-1　年度计划

期初	1 季度	2 季度	3 季度	4 季度	期末

2.3.1.2 制定广告方案（表 2-3-2）

表 2-3-2　广告方案

年度	市场类别	本地	区域	国内	亚洲	国际
第 2 年	P1					
	P2					
	P3					
	P4					

2.3.1.3 登记销售订单（表 2-3-3）

表 2-3-3　销售订单

编号											合计
市场											
产品名称											
账期											
单价											
数量											
总额											
成本											
毛利润											
未售（标×）											

2.3.1.4 现金预算表（表 2-3-4）

表 2-3-4　现金预算表

项目	1 季度	2 季度	3 季度	4 季度
期初现金				
支付上年应交税费				
支付广告费用				
归还短期贷款及利息				
归还民间融资及利息				
新增短期贷款（+）				
新增民间融资（+）				
应收账款到期（+）				
归还应付账款				
接受并支付已定货物（现金）				
产品研发投资				
变更（生产线）费用				
变卖生产线（+）				
购买/更新生产线				
加工费用				
交货现金收入（0 账期）（+）				
支付行政管理费用				
其他（贴现费用/紧急采购费用/罚金/追加投资）				
归还长期贷款及利息				
新增长期贷款				
支付设备维修费				
购买厂房				
租赁厂房				
市场开拓投资				
ISO 认证投资				
收入总计				
支出总计				
现金余额				

（说明：收入为正，支出为负）

2.3.1.5 产能预估（表 2-3-5）

表 2-3-5 产能预估

生产线	1 季度	2 季度	3 季度	4 季度
生产线 1				
生产线 2				
生产线 3				
生产线 4				
生产线 5				
生产线 6				
生产线 7				
生产线 8				

2.3.1.6 生产计划与物料需求计划（表 2-3-6）

表 2-3-6 生产计划与物料需求计划

生产线	1 季度				2 季度				3 季度				4 季度			
	产出计划	投产计划	原材料需求	原材料采购	产出计划	投产计划	原材料需求	原材料采购	产出计划	投产计划	原材料需求	原材料采购	产出计划	投产计划	原材料需求	原材料采购
1																
2																
3																
4																
5																
6																
7																
8																

2.3.1.7 采购计划汇总（表 2-3-7）

表 2-3-7 采购计划

原材料	1 季度	2 季度	3 季度	4 季度
R1				
R2				
R3				
R4				

2.3.2 实施企业经营

2.3.2.1 任务清单——第 2 年（表 2-3-8）

表 2-3-8　第 2 年任务清单

上年权益		期初现金		上年短期贷款		上年民间融资	
任务	1 季度		2 季度		3 季度		4 季度
支付上年应交税费							
支付广告费用							
归还短期贷款及利息							
归还民间融资及利息							
新增短期贷款							
新增民间融资							
更新应收账款							
归还应付账款							
接受并支付已定货物							
下原材料订单							
产品研发投资							
更新生产							
完工入库							
调整（变卖/变更）生产线							
购买/更新生产线							
开始新的生产							
交货给客户							
支付行政管理费用							
其他（贴现/紧急采购/罚金/追加投资）							
归还长期贷款及利息							
新增长期贷款							
支付设备维修费							
租赁厂房							
购买厂房							
折旧费用							
市场开拓							
ISO 资格认证							
关账（记录得分）							

2.3.2.2 现金收支表（表 2-3-9）

表 2-3-9　现金收支表

项目	1 季度	2 季度	3 季度	4 季度
期初现金				
支付上年应交税费				
支付广告费用				
归还短期贷款及利息				
归还民间融资及利息				
新增短期贷款（+）				
新增民间融资（+）				
应收账款到期（+）				
归还应付账款				
接受并支付已定货物（现金）				
产品研发投资				
变更（生产线）费用				
变卖生产线（+）				
购买/更新生产线				
加工费用				
交货现金收入（0 账期）（+）				
支付行政管理费用				
其他（贴现费用/紧急采购费用/罚金/追加投资）				
归还长期贷款及利息				
新增长期贷款				
支付设备维修费				
购买厂房				
租赁厂房				
市场开拓投资				
ISO 认证投资				
收入总计				
支出总计				
现金余额				

（说明：收入为正，支出为负）

2.3.2.3 综合费用表（表 2-3-10）

表 2-3-10　综合费用表

项　目	金　额	备　注
广告费用		
产品研发投资		
变更（生产线）费用		
行政管理费用		
设备维修费用		
厂房租金		□区域　□国内　□亚洲　□国际
市场准入开拓		□ ISO 9000　□ ISO 14000
ISO 资格认证		P2（　　）　P3（　　）　P4（　　）
合计		

2.3.2.4 利润表（表 2-3-11）

表 2-3-11　利润表

项　目		年　初	年　末
销售收入	+		
直接成本	−		
毛利润	=		
综合费用	−		
折旧前利润	=		
折旧费用	−		
支付利息前利润	=		
财务收入/支出	+/−		
额外收入/支出	+/−		
税前利润	=		
所得税（25%）	−		
年度净利润	=		

2.3.2.5 资产负债表（表 2-3-12）

表 2-3-12 资产负债表

资产		年初	年末	负债 + 权益		年初	年末
固定资产				负债			
土地和建筑	+			长期负债	+		
机器和设备（含在建工程）	+			短期负债	+		
总固定资产	=			应付账款	+		
流动资产				应交税费	+		
现金	+			总负债	=		
应收账款	+			权益			
在制品	+			股东资本	+		
产成品	+			利润留存	+		
原材料	+			年度净利润	+		
总流动资产	=			所有者权益	=		
总资产	=			负债 + 权益	=		

2.3.3 学习与思考

2.3.3.1 小组讨论

（1）制定财务预算时的关键点是什么？

（2）在资金不足的情况下，如何筹集资金？

（3）影响利润的主要因素有哪些？其影响程度如何？

2.3.3.2 个人小结

完成任务后，将自己的认识收获进行总结。

2.3.3.3 小组 PPT 汇报

小组根据以下要点进行讨论，并将讨论结果制作成 PPT，文件名定为"组号＋财务计划"，并由财务总监进行汇报。

（1）企业的钱从哪里来？（资金的来源有哪些？）

（2）企业的钱到哪里去了？（企业的支出有哪些？）

（3）企业应如何提高利润？

（4）企业的筹资渠道有哪些？并对筹资渠道进行对比分析。

2.3.4 知识链接——企业资金筹集来源与管理

2.3.4.1 财务管理相关概念

财务管理是在一定的整体目标下，关于资产的购置（投资）、资本的融通（筹资）和经营中现金流量（营运资金），以及利润分配的管理。

资本的融通也叫筹资，企业资金筹资渠道是指筹集资金来源的方向与通道，体现了资金的源泉和流量。我国企业筹集资金的渠道主要有：国家财政、企业自身、银行等金融机构、其他企业或单位、资金持有者个人、外商等。

营运资金管理是企业财务管理的重要组成部分，资金是企业生存和发展的血液，决定着企业的存亡，并对维持企业的稳定发展发挥了关键性的作用，资金管理是企业维持正常业务、优化资源配置、确保经济安全、实现可持续发展的重要途径。

2.3.4.2 企业资金筹集分类

（1）企业资金筹集按照筹集方式的不同，可以分为内部筹集及外部筹集两种类型。

① 内部资金筹集

内部资金筹集是指企业通过自身生产经营活动，扣除企业运营成本及费用投入所产生的留存收益及未分配利润。内部资金的筹集，是企业自身积累的集中体现，较高的经营利润，可保证企业资金的充足，但如果利润较少，并不足以支撑企业的经营发展。

② 外部资金筹集

外部资金筹集主要通过以下方式实现。

直接投资。通常为刚刚成立的企业直接吸收股东资金，股东投入资金以共同成立该企业，或为已成立的企业注入资金以保证企业存续经营、扩大资本、分摊风险等。

股票融资。即上市企业通过发行股票筹集资金，以此提高企业影响力与知名度。该方式的融资成本较低，但需要进行按期分红并承担较大风险。

金融贷款。向金融企业、商业银行等机构贷款作为企业的资金来源，短期内即可取得所需资金，并具备较好的保密性，但需要承担相应利息，按期还款。

债权融资。企业通过所发行的债权进行资金筹集，该方式需要按期返本付息，相较于金融筹资，债权融资的对象更加广泛。

融资租赁。企业通过向我国几大银行申请融资租赁，可通过设备租赁及售后回租的方式进行融资，从而盘活企业存量资产，并高效筹集资金。

除了以上几种方式之外，企业的外部筹资的方式还有预付货款融资、买方信贷融资、票据贴现融资及政府补贴等。

（2）企业筹资按照筹资期限的不同，还可以分为短期筹集和长期筹集两种类型，其中按照资本属性的不同，企业的长期筹资可以分为债务性筹资、股权性筹资和混合性筹资。

① 债务性筹资

是指企业通过借款、发行债券等方式筹集的长期债务资本，它是企业普遍经常采用的一种筹资方式。

借款。按照期限的长短，又可以分为短期借款和长期借款。短期借款筹资方式是指企业向银行等金融机构借入的、期限在1年以下的各种借款。长期借款是指企业向银行等金融机构以及向其他单位借入的、期限在1年以上的各种借款。与其他筹资方式相比借款筹资弹性比较大，借款具有很强的灵活性，企业可以根据自身需要的资金和时间、数额等，及时与银行等金融机构协商；资本成本较低，需要偿还的利息可以在所得税前列支，可以减少企业实际负担的成本；除此之外，合理运用借款筹资可以有效地发挥财务杠杆效应。

发行债券筹资。债券是指债务人为筹集债务资本而发行的，约定在一定期限内向债权人还本付息的有价证券。通过发行债券，企业可筹集到大量的资本。债券筹资能够保证股东的控制权，不会分散原有股东对公司的控制权；债券筹资有利于企业发挥财务杠杆效应，其利息和长期借款一样在税前扣除，同时其筹资资本成本较低，发行企业可以享受节税利益。

但是，企业的债券型筹资方式，无论是借款还是发行债券，都有固定的到期日，并且需要到期支付利息，其财务风险较大；同时，发行债券的限制条件多而且很严格，会影响到企业以后的再筹资能力；最后，发行债券筹资的数额有限，并且必须按照审批机关批准的用途使用，不得挪作他用，因此这就限制了企业对此种方式的采用。

② 股权性筹资

股权性筹资主要包括投入资本筹资和发行普通股筹资，和债务性筹资相比，投入资本筹资能提高企业的资信和借款能力；与筹取现金的筹资方式相比，投入资本筹资不仅可以筹取现金，还能够直接获得所需要的生产设备和技术，从而很快形成企业的生产经营能力；投入资本筹资的财务风险较低。

发行股票筹资是股份有限公司筹集股权资本的基本方式，它没有固定的利息负担，企业可以视盈利情况随意选择分不分配股利：当企业有盈利时，可以选择分配股利，给股东适当的分红；当企业盈利较少时，或者虽然有盈利但是需用于更有利的投资机会时，可以选择少支付，甚至不支付股利；普通股股本没有固定的到期日，不需要偿还，它是企业的永久性资本；此外，普通股筹资还能够提升企业的信誉，是企业筹措债务资本的基础。但是，由于股利采用税后利润支付，其资本成本高于债务筹资的资本成本。

③ 混合性筹资

混合性筹资通常包括发行优先股筹资和发行可转换债券筹资。

虽然企业的筹资来源多种多样，但初创小微企业却不一定能从所有来源获得资金；或者即使某条渠道可行，其获得资金的流量也是很小的。比如，我国商业银行等金融机构对初创小微企业存在偏见，不愿贷款给初创小微企业；创业投资等风险投资机构也少有对初创期小微企业进行投资，更不用说外商了；而国家财政对小微企业的扶持也相对较少。因此，初创小微企业大部分依靠自有资金维持生产运营，情况紧急下只能通过民间融资即高利贷周转，民间融资过高的筹资成本无疑加速了初创小微企业的灭亡。

因此，不同的企业类型在不同的发展阶段，其资金筹集的方式和渠道都是不同的，筹集资金的渠道和方式不可照搬照抄，应灵活应用。

2.4 制定生产计划，经营第 3 年

【本年度操作注意事项】

第 3 年是转折之年，既要大致确定企业的发展规模，又要尽快研发新产品 P3/P4。在操作上注意随时关注财务状况以及生产线的布置，在此提醒以下几点。

（1）第 2 年末，计算好第 3 年产能，以便第 3 年初进行合理的广告投放，营销总监根据产能选单，防止订单量超过产能产生罚款。

（2）竞单结束后可先计算出第 3 年末的大致权益情况，在保证一定贷款额度的权益前提下，可利用一部分多出的权益进行企业的扩展，如开拓市场、升级认证、下一年的广告费。

（3）因 R3/R4 原料是跨季度送到的，所以必须提前控制好现金流与原料下单时间。当现金不足时，可选择批量订购原料以延长原料付款时间。

2.4.1 制定企业各项计划

2.4.1.1 计划新的一年（表 2-4-1）

表 2-4-1　年度计划

期初	1 季度	2 季度	3 季度	4 季度	期末

2.4.1.2 制定广告方案（表2-4-2）

表2-4-2 广告方案

年度	市场类别	本地	区域	国内	亚洲	国际
第3年	P1					
	P2					
	P3					
	P4					

2.4.1.3 登记销售订单（表2-4-3）

表2-4-3 销售订单

编号											合计
市场											
产品名称											
账期											
单价											
数量											
总额											
成本											
毛利润											
未售（标×）											

2.4.1.4　现金预算表（表2-4-4）

表2-4-4　现金预算表

项目	1季度	2季度	3季度	4季度
期初现金				
支付上年应交税费				
支付广告费用				
归还短期贷款及利息				
归还民间融资及利息				
新增短期贷款（+）				
新增民间融资（+）				
应收账款到期（+）				
归还应付账款				
接受并支付已定货物（现金）				
产品研发投资				
变更（生产线）费用				
变卖生产线（+）				
购买/更新生产线				
加工费用				
交货现金收入（0账期）（+）				
支付行政管理费用				
其他（贴现费用/紧急采购费用/罚金/追加投资）				
归还长期贷款及利息				
新增长期贷款				
支付设备维修费				
购买厂房				
租赁厂房				
市场开拓投资				
ISO认证投资				
收入总计				
支出总计				
现金余额				

（说明：收入为正，支出为负）

2.4.1.5 产能预估（表 2-4-5）

表 2-4-5 产能预估

生产线	1 季度	2 季度	3 季度	4 季度
生产线 1				
生产线 2				
生产线 3				
生产线 4				
生产线 5				
生产线 6				
生产线 7				
生产线 8				

2.4.1.6 生产计划与物料需求计划（表 2-4-6）

表 2-4-6 生产计划与物料需求计划

生产线	1 季度				2 季度				3 季度				4 季度			
	产出计划	投产计划	原材料需求	原材料采购	产出计划	投产计划	原材料需求	原材料采购	产出计划	投产计划	原材料需求	原材料采购	产出计划	投产计划	原材料需求	原材料采购
1																
2																
3																
4																
5																
6																
7																
8																

2.4.1.7 采购计划汇总（表 2-4-7）

表 2-4-7 采购计划汇总

原材料	1 季度	2 季度	3 季度	4 季度
R1				
R2				
R3				
R4				

2.4.2 实施企业经营

2.4.2.1 任务清单——第 3 年（表 2-4-8）

表 2-4-8 第 3 年任务清单

上年权益		期初现金		上年短期贷款		上年民间融资	
任务	1 季度		2 季度		3 季度		4 季度
支付上年应交税费							
支付广告费用							
归还短期贷款及利息							
归还民间融资及利息							
新增短期贷款							
新增民间融资							
更新应收账款							
归还应付账款							
接受并支付已定货物							
下原材料订单							
产品研发投资							
更新生产							
完工入库							
调整（变卖/变更）生产线							
购买/更新生产线							
开始新的生产							
交货给客户							
支付行政管理费用							
其他（贴现/紧急采购/罚金/追加投资）							
归还长期贷款及利息							
新增长期贷款							
支付设备维修费							
租赁厂房							
购买厂房							
折旧费用							
市场开拓							
ISO 资格认证							
关账（记录得分）							

2.4.2.2 现金收支表（表 2-4-9）

表 2-4-9 现金收支表

项目	1 季度	2 季度	3 季度	4 季度
期初现金				
支付上年应交税费				
支付广告费用				
归还短期贷款及利息				
归还民间融资及利息				
新增短期贷款（+）				
新增民间融资（+）				
应收账款到期（+）				
归还应付账款				
接受并支付已定货物（现金）				
产品研发投资				
变更（生产线）费用				
变卖生产线（+）				
购买/更新生产线				
加工费用				
交货现金收入（0 账期）（+）				
支付行政管理费用				
其他（贴现费用/紧急采购费用/罚金/追加投资）				
归还长期贷款及利息				
新增长期贷款				
支付设备维修费				
购买厂房				
租赁厂房				
市场开拓投资				
ISO 认证投资				
收入总计				
支出总计				
现金余额				

（说明：收入为正，支出为负）

2.4.2.3 综合费用表（表 2-4-10）

表 2-4-10 综合费用表

项 目	金 额	备 注
广告费用		
产品研发投资		
变更（生产线）费用		
行政管理费用		
设备维修费用		
厂房租金		□区域　　□国内　　□亚洲　　□国际
市场准入开拓		□ ISO 9000　　□ ISO 14000
ISO 资格认证		P2（　　）　P3（　　）　P4（　　）
合计		

2.4.2.4 利润表（表 2-4-11）

表 2-4-11 利润表

项 目		年 初	年 末
销售收入	+		
直接成本	−		
毛利润	=		
综合费用	−		
折旧前利润	=		
折旧费用	−		
支付利息前利润	=		
财务收入/支出	+/−		
额外收入/支出	+/−		
税前利润	=		
所得税（25%）	−		
年度净利润	=		

2.4.2.5 资产负债表（表 2-4-12）

表 2-4-12　资产负债表

资产		年初	年末	负债＋权益	年初	年末
固定资产				负债		
土地和建筑	＋			长期负债	＋	
机器和设备（含在建工程）	＋			短期负债	＋	
总固定资产	＝			应付账款	＋	
流动资产				应交税费	＋	
现金	＋			总负债	＝	
应收账款	＋			权益		
在制品	＋			股东资本	＋	
产成品	＋			利润留存	＋	
原材料	＋			年度净利润	＋	
总流动资产	＝			所有者权益	＝	
总资产	＝			负债＋权益	＝	

2.4.3　学习与思考

2.4.3.1　小组讨论

（1）为什么说生产计划与控制是企业生产管理的首要环节？

（2）在生产任务不稳定的情况下，如何安排与协调计划、生产、采购部门的工作以确保准时交货？

2.4.3.2 个人小结

完成任务后,将自己的认识收获进行总结。

2.4.3.3 小组 PPT 汇报

小组根据以下要点进行讨论,并将讨论结果制作成 PPT,文件名定为"组号+生产计划",并由生产总监进行汇报。

(1) 如何选择厂址;
(2) 原材料的采购策略;
(3) 生产线的配置策略;
(4) 企业生产的产程安排。

2.4.4 知识链接——企业生产运营

2.4.4.1 生产管理概念

生产管理（Production Management）是对企业生产系统的设置和运行的各项管理工作的总称，又称生产控制。其内容包括：①生产组织工作。即选择厂址、布置工厂、组织生产线、实行劳动定额和劳动组织、设置生产管理系统等。②生产计划工作。即编制生产计划、生产技术准备计划和生产作业计划等。③生产控制工作。即控制生产进度、生产库存、生产质量和生产成本等。

2.4.4.2 生产管理的任务

生产管理的任务有：通过生产组织工作，按照企业目标的要求，设置技术上可行、经济上合算、物质技术条件和环境条件允许的生产系统；通过生产计划工作，制定生产系统优化运行的方案；通过生产控制工作，及时有效地调节企业生产过程内外的各种关系，使生产系统的运行符合既定生产计划的要求，实现预期的生产品种、质量、产量、出产期限和生产成本的目标。生产管理的目的就是要做到投入少、产出多，取得最佳经济效益。

2.4.4.3 生产管理的主要模块

生产管理的主要模块：计划管理、采购管理、制造管理、品质管理、效率管理、设备管理、库存管理、士气管理及精益生产管理共九大模块。

2.4.4.4 生产管理的目标

生产管理的目标是高效、低耗、灵活、准时地生产合格产品，提供满意服务。

（1）高效：迅速满足用户需要，缩短订货提前期，争取用户。

（2）低耗：人力、物力、财力消耗最少。实现低成本、低价格。

（3）灵活：能很快适应市场变化，生产不同品种和新品种。

（4）准时：在用户需要的时间，按用户需要的数量，提供所需产品和服务。

2.4.4.5 BOM 知识的应用

物料需求清单（Bill of Materials，简称为 BOM），指产品所需零部件明细及其结构。BOM 不仅是物料需求计划（MRP）重要的输入数据，也是财务部门核算成本、制造部门组织生产等的重要依据。利用 BOM 决定生产计划项目时，可以得知需要哪些自制件和外购件，需要多少，何时需要。

（1）产能估算和 MRP Ⅱ 计算

计算工作通常从底层开始，自下而上进行，先计算单台设备的能力，然后逐步计算班组（生产线）、车间、工厂的生产能力。

一般地，MRP Ⅱ 的计算过程是按产品结构层次由上而下逐层进行。其计算过程如图 2-4-1 所示。

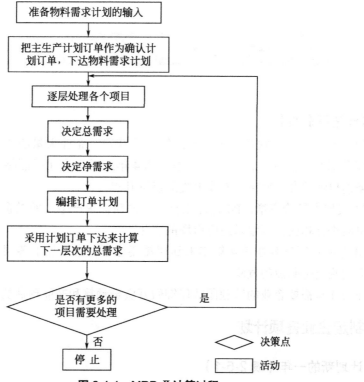

图 2-4-1　MRP Ⅱ计算过程

（2）生产能力参考图（图 2-4-2）

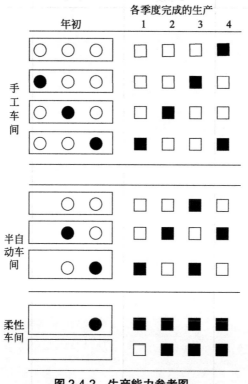

图 2-4-2　生产能力参考图

2.5 制定经营思路，经营第 4 年

【本年度操作注意事项】

过去的三年，产品研发及生产线投入等投资花费了企业大量的资金，产品需求相对不足，市场竞争激烈，企业经营困难。在进入第 4 年之后，企业所面临的市场总量进一步扩大，产品类别也悄然发生变化，操作上提醒以下几点。

（1）P3 表现为量价齐增，P4 也开始有少量的新需求产生，所以企业在产品组合及市场组合方面也应进行相应的调整以适应市场的变化。

（2）20 万的长期贷款在第 4 年年末到期需要还本付息，加上各项其他费用和债务，稍有不慎就会面临资金断流的危险。

（3）在第 4 年需要企业的管理团队仔细做好资金预算和产能预估的工作。

2.5.1 制定企业各项计划

2.5.1.1 计划新的一年（表 2-5-1）

表 2-5-1　年度计划

期初	1 季度	2 季度	3 季度	4 季度	期末

2.5.1.2 制定广告方案（表 2-5-2）

表 2-5-2　广告方案

年度	市场类别	本地	区域	国内	亚洲	国际
第4年	P1					
	P2					
	P3					
	P4					

2.5.1.3 登记销售订单（表 2-5-3）

表 2-5-3　销售订单

编号										合计
市场										
产品名称										
账期										
单价										
数量										
总额										
成本										
毛利润										
未售（标×）										

2.5.1.4 现金预算表（表 2-5-4）

表 2-5-4　现金预算表

项目	1 季度	2 季度	3 季度	4 季度
期初现金				
支付上年应交税费				
支付广告费用				
归还短期贷款及利息				
归还民间融资及利息				
新增短期贷款（+）				
新增民间融资（+）				
应收账款到期（+）				
归还应付账款				
接受并支付已定货物（现金）				
产品研发投资				
变更（生产线）费用				
变卖生产线（+）				
购买/更新生产线				
加工费用				
交货现金收入（0 账期）（+）				
支付行政管理费用				
其他（贴现费用/紧急采购费用/罚金/追加投资）				
归还长期贷款及利息				
新增长期贷款				
支付设备维修费				
购买厂房				
租赁厂房				
市场开拓投资				
ISO 认证投资				
收入总计				
支出总计				
现金余额				

（说明：收入为正，支出为负）

2.5.1.5 产能预估（表2-5-5）

表2-5-5 产能预估

生产线	1季度	2季度	3季度	4季度
生产线1				
生产线2				
生产线3				
生产线4				
生产线5				
生产线6				
生产线7				
生产线8				

2.5.1.6 生产计划与物料需求计划（表2-5-6）

表2-5-6 生产计划与物料需求计划

生产线	1季度				2季度				3季度				4季度			
	产出计划	投产计划	原材料需求	原材料采购	产出计划	投产计划	原材料需求	原材料采购	产出计划	投产计划	原材料需求	原材料采购	产出计划	投产计划	原材料需求	原材料采购
1																
2																
3																
4																
5																
6																
7																
8																

2.5.1.7 采购计划汇总（表2-5-7）

表2-5-7 采购计划汇总

原材料	1季度	2季度	3季度	4季度
R1				
R2				
R3				
R4				

2.5.2 实施企业经营

2.5.2.1 任务清单——第 4 年（表 2-5-8）

表 2-5-8　第 4 年任务清单

上年权益		期初现金		上年短期贷款		上年民间融资	
任务		1 季度	2 季度		3 季度		4 季度
支付上年应交税费							
支付广告费用							
归还短期贷款及利息							
归还民间融资及利息							
新增短期贷款							
新增民间融资							
更新应收账款							
归还应付账款							
接受并支付已定货物							
下原材料订单							
产品研发投资							
更新生产							
完工入库							
调整（变卖/变更）生产线							
购买/更新生产线							
开始新的生产							
交货给客户							
支付行政管理费用							
其他（贴现/紧急采购/罚金/追加投资）							
归还长期贷款及利息							
新增长期贷款							
支付设备维修费							
租赁厂房							
购买厂房							
折旧费用							
市场开拓							
ISO 资格认证							
关账（记录得分）							

2.5.2.2 现金收支表（表2-5-9）

表2-5-9 现金收支表

项目	1季度	2季度	3季度	4季度
期初现金				
支付上年应交税费				
支付广告费用				
归还短期贷款及利息				
归还民间融资及利息				
新增短期贷款（+）				
新增民间融资（+）				
应收账款到期（+）				
归还应付账款				
接受并支付已定货物（现金）				
产品研发投资				
变更（生产线）费用				
变卖生产线（+）				
购买/更新生产线				
加工费用				
交货现金收入（0账期）（+）				
支付行政管理费用				
其他（贴现费用/紧急采购费用/罚金/追加投资）				
归还长期贷款及利息				
新增长期贷款				
支付设备维修费				
购买厂房				
租赁厂房				
市场开拓投资				
ISO认证投资				
收入总计				
支出总计				
现金余额				

2.5.2.3 综合费用表（表 2-5-10）

表 2-5-10 综合费用表

项 目	金 额	备 注
广告费用		
产品研发投资		
变更（生产线）费用		
行政管理费用		
设备维修费用		
厂房租金		□区域　　□国内　　□亚洲　　□国际
市场准入开拓		□ ISO 9000　　□ ISO 14000
ISO 资格认证		P2（　　）　P3（　　）　P4（　　）
合计		

2.5.2.4 利润表（表 2-5-11）

表 2-5-11 利润表

项 目		年 初	年 末
销售收入	+		
直接成本	−		
毛利润	=		
综合费用	−		
折旧前利润	=		
折旧费用	−		
支付利息前利润	=		
财务收入/支出	+/−		
额外收入/支出	+/−		
税前利润	=		
所得税（25%）	−		
年度净利润	=		

2.5.2.5 资产负债表（表 2-5-12）

表 2-5-12 资产负债表

资产		年初	年末	负债 + 权益		年初	年末
固定资产				负债			
土地和建筑	+			长期负债	+		
机器和设备（含在建工程）	+			短期负债	+		
总固定资产	=			应付账款	+		
流动资产				应交税费	+		
现金	+			总负债	=		
应收账款	+			权益			
在制品	+			股东资本	+		
产成品	+			利润留存	+		
原材料	+			年度净利润	+		
总流动资产	=			所有者权益	=		
总资产	=			负债 + 权益	=		

2.5.3 学习与思考

2.5.3.1 小组讨论

（1）在订单中，有数量、单价、账期等多种因素，你们的企业是如何进行订单选择决策的？决策的依据是什么？

（2）广告投放策略一般有大额广告、小额广告、中间广告等，你们企业选择的是哪种，前四年的广告效益如何？今后的广告投放策略应如何进行调整？

（3）你们企业的市场定位是什么？采取这种定位的原因是什么？

2.5.3.2 个人小结

完成任务后，将自己的认识收获进行总结。

2.5.3.3 小组 PPT 汇报

小组根据以下要点进行讨论，并将讨论结果制作成 PPT，文件名定为"组号＋市场分析"，并由营销总监进行汇报。

（1）市场需求分析：请对预测数据和订单进行分析，得出不同产品的需求状况。
（2）市场竞争分析：请对竞争对手的产能和市场占有情况进行分析。
（3）本企业的产品策略。
（4）本企业的目标市场策略。

2.5.4 知识链接——目标市场营销（STP）分析

企业所面对的消费者成千上万，他们的需求和欲望各有不同，并且还会随着内外环境的变化而变化。面对这样复杂多变的大市场，任何一个企业都无法满足整个市场的全部需求，这就需要企业进行市场细分，然后确定目标。市场细分是目标市场营销的起点和基础。企业需要在市场调查的基础上，识别不同消费群体的差别，将不同消费者划分为若干个细分市场，然后选择其中一个或若干个细分市场作为目标市场。确定了目标市场之后，还要进行正确的市场定位，使本企业与其他企业严格区分开来，使顾客明显感觉和认识到这种差异，从而在顾客心目中占有特殊的位置。

目标市场营销可以分三步进行，即市场细分（Market Segmentation）、选择目标市场（Market Targeting）和市场定位（Market Positioning），简称 STP。如图 2-5-1 所示。

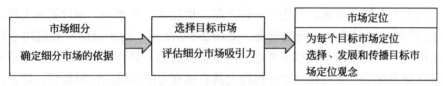

图 2-5-1 目标市场营销步骤

2.5.4.1 市场细分

（1）市场细分的概念

市场细分是指营销主体通过市场调研，根据消费者需求的差异性，把某一产品的整体市场划分为若干个在需求上具有某种相似特征的顾客群的工作过程。每个顾客群就是一个细分市场，各个细分市场是由需求与欲望基本相同的顾客所组成的。

（2）消费者市场细分的依据

市场细分的依据是顾客需求的差异性，所以凡是使顾客需求产生差异的因素都可以作为市场细分的标准。

消费者市场的细分标准可以概括为地理标准、人口标准、心理标准和行为标准四大类。每一大类又包括一系列的细分变量（表 2-5-13）。

表 2-5-13 消费者市场的细分标准

划分依据	典型细分变量
地理标准	国界、区域、城乡、城市、人口密度、地形、气候、交通条件、其他
人口标准	国籍、民族、宗教、职业、性别、年龄、教育程度、家庭收入、家庭生命周期、其他
心理标准	生活方式、社会阶层、个性、购买动机、其他
行为标准	购买时机、追求利益、购买频率、使用状况、对渠道的信赖度、对产品的态度、品牌忠诚度、其他

2.5.4.2 选择目标市场

（1）目标市场概述

目标市场是指通过市场细分被企业选定的准备以相应的产品或服务去满足其现实的或潜在的消费者需求的购买者群体。之所以要选择目标市场是因为首先一个企业不可能满足所有消费者的所有需求，而只能满足市场中一部分消费者的需求。其次，并非所有的细分市场都适合于本企业。企业必须根据自身的人、财、物等条件，选择相对优势的目标市场。最后各细分市场之间有时也会有矛盾，各个目标并非都一致，企业必须从经济效益上对细分市场进行评估和取舍。

在评估各种不同的细分市场时，企业必须考虑三个因素，细分市场规模与发展、细分市场结构的吸引力以及企业的目标和资源与细分市场特征的契合度。

（2）目标市场选择策略

企业在对细分市场进行评估比较后，还要决定自己是以全部细分市场，还是以某些或某个细分市场作为自己的最佳目标市场，这就是在选择企业目标市场策略时所要考虑的问题。通常有以下 5 种模式供参考。

① 市场集中化

企业只选取一个细分市场，只生产一种产品，供应某一个市场，进行集中营销。例如只生产一种 P2 产品，满足本地市场的需要，如图 2-5-2 所示。这种策略一般适用于规模较小的企业。采用这一策略一般基于以下考虑：限于资金能力，只能在一个细分市场经营；该细分市场中没有竞争对手；企业在该细分市场上具有强有力的市场地位和良好的信誉。

② 产品专门化

企业集中生产一种产品，并向所有的市场销售这种产品。例如企业开拓了所有的市场，专门生产 P2 产品来满足所有市场的需要，如图 2-5-3 所示。产品专业化策略的优点在于企业专注于某一种产品的生产，有利于降低营销费用，充分发挥其优势；其局限性是当该领域被一种全新的产品所替代时，产品的销售量有大幅下降的危险。如在企管沙盘中如果专业生产 P2，在后几年企业面临产品价格下降、需求量降低的风险。

图 2-5-2　市场集中化

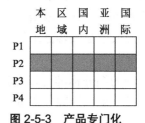
图 2-5-3　产品专门化

③ 市场专门化

企业专门经营满足某一市场需要的各种产品。如企业生产所有的产品来满足本地市场的需求，如图 2-5-4 所示。由于集中于某个市场，当这个市场的需求下降时，企业会遇到收益下降的风险。

④ 有选择的专门化

企业选择若干个具有良好的盈利能力，且符合企业目标和资源的细分市场作为目标市场，提供不同的产品去满足不同市场的需要，如图 2-5-5 所示。如在国际市场卖 P1、本地市场卖 P2、在亚洲市场卖 P3、P4。这个策略的特点是可以选取对自己最优的市场作为自己的目标市场以获得较好的竞争地位和利润。但是采用此策略要求企业应具有较强的资源和营销实力。

⑤ 完全市场覆盖

企业生产多种产品去满足各种顾客群体的需要。如生产 P1、P2、P3、P4 产品去满足所有市场的需要，如图 2-5-6 所示。一般来说，只有经营良好、实力雄厚的大型企业才能运用这种策略。

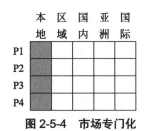
图 2-5-4　市场专门化

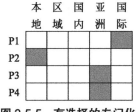
图 2-5-5　有选择的专门化

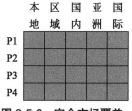
图 2-5-6　完全市场覆盖

2.5.4.3　市场定位

市场定位是指企业根据所选的目标市场的竞争情况和自己的优势，塑造企业和产品在目标市场上的与众不同的个性与形象并传递给目标顾客，从而确立自己的竞争地位。市场定位的实质在于，对已经确定的目标市场从产品特征出发进行更深层次的剖析，进而确定企业营销组合，最终落实到具体产品的生产和推销。市场定位的任务是创造产品的特色，使之在消费者心目中占据突出的地位，留下鲜明的印象。

企业定位的核心是设计和塑造产品的特色和形象，突出其产品和服务与竞争对手的不同之处。这种特色和形象可以有多种表现：可以通过产品实体本身来表现，如形状尺寸、功能、款式、成分等，也可以从消费者的心理来表现，如显示产品的时尚、典雅、朴素、小清新等；还可以通过价格、质量、服务、促销等形式来表现。

2.6　学会财务分析，经营第 5 年

【本年度操作注意事项】

第 5 年是企业经营决胜的关键之年，也是扩张之年。在操作上关注财务状况，避免因过分扩张导致资金链断裂而破产。在此提醒以下几点。

（1）根据竞单结果做好本年度经营计划，根据财务状况抓住机会及时进行扩张；

（2）做好长期融资和短期融资的匹配，灵活地利用好短期贷款；

（3）根据财务情况考虑 B、C 厂房的购买和租用问题；

（4）注意控制企业的所有者权益。

2.6.1 制定企业各项计划

2.6.1.1 计划新的一年（表 2-6-1）

表 2-6-1　年度计划

期初	1 季度	2 季度	3 季度	4 季度	期末

2.6.1.2 制定广告方案（表 2-6-2）

表 2-6-2　广告方案

年度	市场类别	本地	区域	国内	亚洲	国际
第 5 年	P1					
	P2					
	P3					
	P4					

2.6.1.3 登记销售订单（表 2-6-3）

表 2-6-3 销售订单

编号											合计
市场											
产品名称											
账期											
单价											
数量											
总额											
成本											
毛利润											
未售（标×）											

2.6.1.4 现金预算表（表 2-6-4）

表 2-6-4　现金预算表

项目	1 季度	2 季度	3 季度	4 季度
期初现金				
支付上年应交税费				
支付广告费用				
归还短期贷款及利息				
归还民间融资及利息				
新增短期贷款（+）				
新增民间融资（+）				
应收账款到期（+）				
归还应付账款				
接受并支付已定货物（现金）				
产品研发投资				
变更（生产线）费用				
变卖生产线（+）				
购买/更新生产线				
加工费用				
交货现金收入（0 账期）（+）				
支付行政管理费用				
其他（贴现费用/紧急采购费用/罚金/追加投资）				
归还长期贷款及利息				
新增长期贷款				
支付设备维修费				
购买厂房				
租赁厂房				
市场开拓投资				
ISO 认证投资				
收入总计				
支出总计				
现金余额				

（说明：收入为正，支出为负）

2.6.1.5 产能预估（表2-6-5）

表2-6-5 产能预估

生产线	1季度	2季度	3季度	4季度
生产线1				
生产线2				
生产线3				
生产线4				
生产线5				
生产线6				
生产线7				
生产线8				

2.6.1.6 生产计划与物料需求计划（表2-6-6）

表2-6-6 生产计划与物料需求计划

生产线	1季度				2季度				3季度				4季度			
	产出计划	投产计划	原材料需求	原材料采购	产出计划	投产计划	原材料需求	原材料采购	产出计划	投产计划	原材料需求	原材料采购	产出计划	投产计划	原材料需求	原材料采购
1																
2																
3																
4																
5																
6																
7																
8																

2.6.1.7 采购计划汇总（表2-6-7）

表2-6-7 采购计划汇总

原材料	1季度	2季度	3季度	4季度
R1				
R2				
R3				
R4				

2.6.2 实施企业经营

2.6.2.1 任务清单——第 5 年（表 2-6-8）

表 2-6-8　第 5 年任务清单

上年权益		期初现金		上年短期贷款		上年民间融资	
任务	1 季度	2 季度	3 季度	4 季度
---	---	---	---	---
支付上年应交税费				
支付广告费用				
归还短期贷款及利息				
归还民间融资及利息				
新增短期贷款				
新增民间融资				
更新应收账款				
归还应付账款				
接受并支付已定货物				
下原材料订单				
产品研发投资				
更新生产				
完工入库				
调整（变卖/变更）生产线				
购买/更新生产线				
开始新的生产				
交货给客户				
支付行政管理费用				
其他（贴现/紧急采购/罚金/追加投资）				
归还长期贷款及利息				
新增长期贷款				
支付设备维修费				
租赁厂房				
购买厂房				
折旧费用				
市场开拓				
ISO 资格认证				
关账（记录得分）				

2.6.2.2 现金收支表（表 2-6-9）

表 2-6-9　现金收支表

项目	1季度	2季度	3季度	4季度
期初现金				
支付上年应交税费				
支付广告费用				
归还短期贷款及利息				
归还民间融资及利息				
新增短期贷款（+）				
新增民间融资（+）				
应收账款到期（+）				
归还应付账款				
接受并支付已定货物（现金）				
产品研发投资				
变更（生产线）费用				
变卖生产线（+）				
购买/更新生产线				
加工费用				
交货现金收入（0账期）（+）				
支付行政管理费用				
其他（贴现费用/紧急采购费用/罚金/追加投资）				
归还长期贷款及利息				
新增长期贷款				
支付设备维修费				
购买厂房				
租赁厂房				
市场开拓投资				
ISO 认证投资				
收入总计				
支出总计				
现金余额				

（说明：收入为正，支出为负）

2.6.2.3 综合费用表（表2-6-10）

表2-6-10 综合费用表

项目	金额	备注
广告费用		
产品研发投资		
变更（生产线）费用		
行政管理费用		
设备维修费用		
厂房租金		□区域　　□国内　　□亚洲　　□国际
市场准入开拓		□ ISO 9000　　□ ISO 14000
ISO 资格认证		P2（　　）　P3（　　）　P4（　　）
合计		

2.6.2.4 利润表（表2-6-11）

表2-6-11 利润表

项目		年初	年末
销售费用	+		
直接成本	−		
毛利润	=		
综合费用	−		
折旧前利润	=		
折旧费用	−		
支付利息前利润	=		
财务收入 / 支出	+/−		
额外收入 / 支出	+/−		
税前利润	=		
所得税（25%）	−		
年度净利润	=		

2.6.2.5 资产负债表（表 2-6-12）

表 2-6-12　资产负债表

资产		年初	年末	负债＋权益		年初	年末
固定资产				负债			
土地和建筑	＋			长期负债	＋		
机器和设备（含在建工程）	＋			短期负债	＋		
总固定资产	＝			应付账款	＋		
流动资产				应交税费	＋		
现金	＋			总负债	＝		
应收账款	＋			权益			
在制品	＋			股东资本	＋		
产成品	＋			利润留存	＋		
原材料	＋			年度净利润	＋		
总流动资产	＝			所有者权益	＝		
总资产	＝			负债＋权益	＝		

2.6.3　学习与思考

2.6.3.1　小组讨论

（1）请计算企业的流动比率、速动比率、现金比率、资产负债率等，分析企业的偿债能力。

（2）请计算应收账款周转率、存货周转率、销售利润率、净资产收益率等，分析企业的营运能力和盈利能力。

2.6.3.2 个人小结

完成任务后，将自己的认识收获进行总结。

2.6.3.3 小组 PPT 汇报

小组根据以下要点进行讨论，并将讨论结果制作成 PPT，文件名定为"组号＋财务分析"，并由财务总监进行汇报。

（1）展示本组企业的资产负债表、利润表等财务报表资料。

（2）根据财务报表中的数据，计算各种比率，分析企业的现状和潜力。

（3）根据财务分析的结果，判断公司财务状况变动的原因。

（4）根据综合分析的情况，制定下一年度经营的经营策略。

2.6.4 知识链接——企业财务分析

财务分析是以会计核算和报表资料及其他相关资料为依据，采用一系列专门的分析技术和方法，对企业等经济组织过去和现在有关筹资活动、投资活动、经营活动、分配活动的偿债能力、营运能力、盈利能力等进行分析与评价的经济管理活动。下面我们就对如何在企业经营管理沙盘模拟中进行偿债能力、营运能力和盈利能力的分析以及运用杜邦财务综合分析进行学习和了解。

2.6.4.1 偿债能力分析

偿债能力是指企业偿还各种债务的能力。企业的负债按偿还期的长短，可以分为流动负债和非流动负债两大类。其中反映企业偿付流动负债能力的是短期偿债能力，反映企业偿付非流动负债能力的是长期偿债能力。企业的偿债能力不仅是企业本身所关心的问题，也是各方面利益相关者都非常重视的问题，无论是企业经营者、投资人还是债权人都十分关心企业的偿债能力。

偿债能力主要由流动比率、速动比率、现金比率、资产负债率等指标组成。

（1）流动比率

流动比率指流动资产总额和流动负债总额之比，体现企业偿还短期债务的能力。流动比率的计算公式为：

$$流动比率 = 流动资产 / 流动负债$$

流动资产越多，短期债务越少，则流动比率越大，企业的短期偿债能力越强。一般情况下，运营周期、流动资产中的应收账款数额和存货的周转速度是影响流动比率的主要因素。

（2）速动比率

速动比率是指速动资产对流动负债的比率。它是衡量企业流动资产中可以立即变现用于偿还流动负债的能力，比流动比率更能体现企业偿还短期债务的能力。其计算公式如下：

$$速动比率 = 速动资产 / 流动负债$$
$$= （流动资产 - 存货）/ 流动负债$$

从公式中可以看出，流动资产包括了在制品、产成品、原材料等变现速度较慢且可以贬值的存货，速动比率是在流动资产中扣除了存货后与流动负债的比率，因此更能衡量企业的短期偿债能力。对于预付账款和待摊费用根本不具有变现能力，只是减少企业未来的现金流出量，所以理论上也应加以剔除，但实务中，由于它们在流动资产中所占的比重较小，计算速动资产时也可以不扣除。一般来说，速动比率小于1被认为短期偿债能力偏低。由于速动资产包含了应收账款，应收账款的变现能力影响着速动比率的可信性。

（3）现金比率

现金比率，又称现金负债比率，是现金及类似资产与流动负债之比，用于反映企业即时付现能力。其计算公式如下：

$$现金比率 = （货币资金 + 交易性金融资产）/ 流动负债 \times 100\%$$

现金比率是速动资产扣除应收账款后的余额与流动负债的比率，最能反映企业直接偿付流动负债的能力。在一般情况下，企业不可能也没必要保留过多的现金类资金，因为从财务角度来看，流动性最强的现金类资产的盈利能力是最低的。现金比率一般认为20%以上为好。这一比率过高，就意味着企业流动资产未能得到合理运用。

（4）资产负债率

资产负债率也称为负债经营比率，反映债权人提供的资本占全部资本的比例，也就是说，企业总资产中有多少是通过负债筹集的，该指标是评价企业负债水平的综合指标。同时也是一项衡量企业利用债权人资金进行经营活动能力的指标，也反映债权人发放贷款的安全程度。因此，资产负债率是衡量企业负债水平及风险程度的重要标志。其计算公式为：

$$资产负债率 = 负债总额 / 资产总额$$

负债比率越大，企业面临的财务风险越大，获取利润的能力也越强。资产负债率在60%～70%之间被认为是比较合理、稳健的。当比率达到或超过85%时，应视为发出预警信号，说明企业资金不足，依靠欠债维持，存在偿债风险，企业应对此引起足够的重视。当资产负债率大于100%，表明公司已经资不抵债，对于债权人来说风险非常大。

资产负债率指标不是绝对指标，需要根据企业本身的条件和市场情况来判定。

2.6.4.2 营运能力分析

企业营运能力，主要指企业营运资产的效率与效益。营运能力分析主要是从企业资产的管理能力方面对企业的经营业绩进行的评价。企业的营运资产，主体是流动资产和固定资产。营运资产的效率通常指资产的周转速度，而营运资产的效益则指营运资产的利用效果，即通过资产的投入与其产出相比较来体现的。营运能力分析主要包括以下指标：应收账款周转率、存货周转率、固定资产周转率、总资产周转率等。

（1）应收账款周转率

应收账款周转率是指在指定的分析期间内应收账款转为现金的平均次数。它反映企业从取得应收账款的权益到收回款项，转换为现金所需要的时间长度。其计算公式为：

$$应收账款周转率 = 主营业务收入净额 / 当期平均应收账款余额$$
$$= 主营业务收入净额 / [（期初应收账款余额 + 期末应收账款余额）/2]$$

一般来说，应收账款周转率越高越好。应收账款周转率越高，说明其回收越快，资产流动性强，短期偿债能力强；反之说明运作资金过多呆滞在应收账款上，影响正常资金周转及偿债能力。

（2）存货周转率

存货周转率是衡量和评价企业购入存货、投入生产、销售收入等各环节管理状况的综合性指标。它是销售成本被平均存货所除而得到的比率，反映存货周转速度的指标，其计算公式为：

$$存货周转率 = 当期销售成本 / 当期平均存货$$
$$= 当期销售成本 / [（期初存货余额 + 期末存货余额）/2]$$

存货周转率指标的好坏反映企业存货管理水平的高低，它影响到企业的短期偿债能力，是整个企业管理的一项重要内容。从指标本身可以看出，销售成本越大，说明因为销售而从库存中转出的产品越多，存货的占用水平越低。当销售利润率一定的时候，说明获得的利润越多。存货周转率越大，说明周转速度越快，存货转换为现金或应收账款的速度越快，因此，提高存货周转率，可以提高企业的变现能力。

（3）固定资产周转率

固定资产周转率，也称固定资产利用率，是企业销售收入与当期平均固定资产净值的比率。固定资产周转率表示在一个会计年度内固定资产周转的次数。固定资产周转天数表示在一个会计年度内，固定资产转换成现金平均需要的时间，即平均天数。固定资产的周转次数越多，则周转天数越短；周转次数越少，则周转天数越长。其计算公式为：

固定资产周转率 = 当期销售收入 / 当期平均固定资产

= 当期销售收入 /［(期初固定资产总额 + 期末固定资产总额)/2］

对于制造业要计算固定资产周转率。固定资产周转率越高，企业资金周转越快，赚钱的速度越快，利润越高。

（4）总资产周转率

总资产周转率是企业一定时期的销售收入净额与平均资产总额之比，用于衡量企业运用资产赚取利润的能力，它经常和反映盈利能力的指标一起使用，评价企业的盈利能力。其计算公式为：

总资产周转率 = 当期销售收入 / 当期平均总资产

= 当期销售收入 /［(期初资产总额 + 期末资产总额)/2］

总资产周转率反映总资产的周转速度，周转越快，说明销售能力越强，资产投资的效益越好。

2.6.4.3 盈利能力分析

盈利能力是企业最重要的业绩衡量标准和发现问题、改善管理的突破口，盈利能力通常是指企业在一定的时期内赚取利润的能力。利润率越高，盈利能力越强，反之利润率越低。盈利能力分析指标从投资的角度出发主要有净资产收益率、总资产报酬率等指标进行分析与评价，从销售的角度出发主要有毛利率、销售利润率等指标进行分析与评价。

（1）销售利润率

销售利润率是毛利率的延伸，是企业利润与销售收入之间的比率。它是以销售收入为基础分析企业获利能力，反映企业销售收入收益水平的指标，即每元销售收入所获得的利润。销售利润是毛利减去综合费用后的剩余，代表了主营业务的实际利润，反映企业主营业务经营的好坏。其计算公式为：

销售利润率 =（毛利润 − 综合费用）/ 销售收入 ×100%

= 折旧前利润 / 销售收入 ×100%

（2）总资产报酬率

总资产报酬率是以投资报酬为基础来分析企业获利能力，是企业投资报酬与投资总额之间的比率。企业的投资报酬是指支付利息和缴纳所得税之前的利润之和，投资总额为当期平均资产总额，该指标反映资产经营盈利能力，即企业运营资产而产生利润的能力。其计算公式为：

总资产报酬率 = 息税前利润 / 平均总资产 ×100%

=（利润部额 + 利息支出）/［(期初资产总额 + 期末资产总额)/2］×100%

（3）净资产收益率

净资产收益率是反映盈利能力的核心指标，是净利润与平均股东权益的百分比，是企业税后利润除以净资产得到的百分比率，该指标反映投资者投入资金的最终获利能力，是投资者最关心的指标之一，也是公司CEO向董事会年终汇报经营业绩时所关注的指标。净资产收益率指标越高，反映企业盈利能力越好。其计算公式为：

$$净资产收益率 = 净利润 / 平均净资产 \times 100\%$$
$$= 当期税后利润 / [(期初所有者权益 + 期末所有者权益)/2] \times 100\%$$

上式中，净利润是指企业当期税后利润；净资产是企业资产减去负债后的余额，即资产负债表中的所有者权益。对于平均净资产，一般取期初与期末的平均值。

2.6.4.4 杜邦财务综合分析

杜邦财务综合分析是利用几种主要的财务比率之间的关系来综合地分析企业的财务状况的方法，由美国杜邦公司最先采用而得名，其特点是将若干反映企业盈利状况、营运状况和财务状况的比率按其内在联系有机地结合起来，形成一个完整的指标体系，并最终通过净资产收益率（或资本收益率）这一核心指标来综合反映。

（1）杜邦财务综合分析的结构

在杜邦财务综合分析体系中，包含了几种主要的指标关系，因此，结合这些指标关系，我们可以把杜邦财务综合分析的结构分为两大层次。

① 第一层次包括：

净资产收益率 = 总资产净利率 × 业主权益乘数，即

$$\frac{净利润}{净资产} \times \left(\frac{净利润}{总资产} \times 100\%\right) \times \frac{总资产}{净资产}$$

资产净利率 = 销售净利率 × 总资产周转率，即

$$\frac{净利润}{总资产} \times \left(\frac{净利润}{营业收入} \times 100\%\right) \times \frac{营业收入}{总资产}$$

以上关系表明，影响净资产收益率最重要的因素有3个：销售净利率、总资产周转率、业主权益乘数，即：

$$净资产收益率 = 销售净利率 \times 总资产周转率 \times 业主权益乘数$$

② 第二层次包括：

$$销售净利率 = \frac{净利润}{营业收入} \times 100\% \times \frac{总收入 - 总成本费用}{营业收入}$$

$$总资产周转率 = \frac{营业收入}{总资产} = \frac{营业收入}{流动资产 + 非流动资产}$$

③ 杜邦财务综合分析体系图

结合创业经营沙盘模拟，杜邦财务综合分析体系的指标关系可用图2-6-1清晰地表现出来。

净资产收益率是综合性最强的财务指标，是企业财务综合分析的核心。它既能反映投资者投入资本获利能力的高低，又能体现企业经营的目标，是企业财务活动效率和经营活动效率的综合体现。

总资产周转率是反映企业营运能力最重要的指标，是企业资产经营的结果，是实现净资产收益率最大化的基础。企业总资产由流动资产和非流动资产组成，流动资产体现企业的变现能力和偿债能力，非流动资产则体现企业的经营规模、发展潜力和盈利能力。从收益的角度来看，各类资产存在较大区别，如现金和应收账款几乎没有收益。对于资产周转率的分析，需要对影响资产周转的各因素进行分析，以判明影响企业资产周转的主要问题是什么。

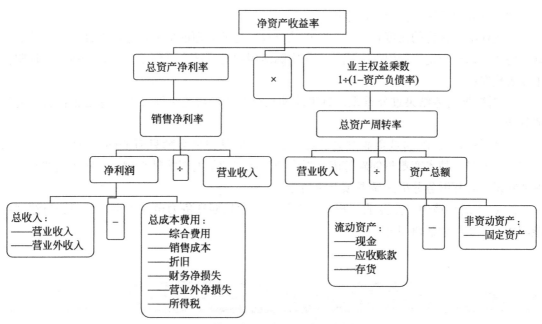

图 2-6-1 杜邦财务综合分析体系的指标关系

因此，资产结构的合理与否、营运效率的高低是企业资产经营的核心，并最终影响到企业的经营业绩。

销售净利率是反映企业商品经营盈利能力最重要的指标，是实现净资产收益率最大化的保证。扩大销售收入、降低成本费用是提高企业销售净利率的根本途径。同时，扩大销售收入也是提高资产周转率的必要条件和途径。

业主权益乘数表示企业的负债程度，反映了企业利用财务杠杆进行经营活动的程度。资产负债率高，权益乘数就大，表明企业负债程度高，风险也增大；反之，资产负债率低，权益乘数就小，表明企业负债程度低，企业会有较少的杠杆利益，但相应所承担的风险也低。因此，适度开展负债经营，合理安排资本结构，可以有效提高企业净资产收益率。

（2）杜邦财务综合分析体系的运用

从杜邦财务综合分析体系中，可以明确对一个企业业绩的反映将通过销售回报、资产回报和财务杠杆调节体现。因此，合理运用净资产收益率进行企业管理，对很多企业来说是一种非常便捷的手段，也能够帮助管理人员很好地发现运营过程中存在的问题，并寻求改进的方法，取得良好的效果。同时，这个模型也能够给出很好的启示——公司管理过程中，可以依据这种层层分解的方法来进行各个部分的分析，并能够得到解决问题的思路。具体的应用领域在于：

① 定期或不定期的财务分析。用价值树的分析方法可以将影响净资产收益率的各个关键因素的逻辑关系体现在净资产收益率这个综合指标中；财务分析人员可以依据价值树层层对企业财务进行分析。

② 与预算管理方法相结合，可以很好地体现实现情况和预算情况的差异，及其对整个净资产收益率的影响。

③ 在确认关键业绩指标，特别是运用财务指标反映企业经营业绩时，能够很好地帮助确认关键业绩指标和关键成功因素对综合指标的影响。

（3）杜邦财务综合分析的局限性

从企业绩效评价的角度看，杜邦分析法只包括财务方面的信息，不能全面反映企业的经营实力，所以有一定的局限性。因此，在实际运用中必须结合其他信息加以分析。其局限性主要表现在：

① 对短期财务结果过分重视，有可能助长企业管理层的短期行为，忽略企业长期的价值创造。

② 财务指标反映的是企业过去的经营业绩，但是在如今瞬息万变的信息时代，客户、供应商、雇员、技术变革与创新等因素对企业的经营业绩的影响越来越大，对于这些正在改变的状况，杜邦财务分析法显得颇无能为力。

③ 在市场环境中，企业的无形资产对提高企业长期竞争力至关重要，杜邦分析法却不能解决无形资产的估值问题。

2.7 分析企业战略，经营第 6 年

【本年度操作注意事项】

本年度是大家任期内的最后一年，企业的经营思路和经营策略已经基本定型，操作上已基本没有大问题，本年度要求企业经营平稳过渡和交接。具体注意以下几点。

（1）作为职业经理人，本着为企业负责的思想，保证企业的持续经营，原材料正常采购，生产线正常生产；

（2）资金方面根据需要贷款，不要超贷，能短期贷款就不长期贷款；

（3）在资金允许的情况下，买厂房比租厂房更有利于企业所有者权益的增长。

2.7.1 制定企业各项计划

2.7.1.1 计划新的一年（表 2-7-1）

表 2-7-1　年度计划

期初	1 季度	2 季度	3 季度	4 季度	期末

2.7.1.2 制定广告方案（表 2-7-2）

表 2-7-2　广告方案

年度	市场类别	本地	区域	国内	亚洲	国际
第6年	P1					
	P2					
	P3					
	P4					

2.7.1.3 登记销售订单（表 2-7-3）

表 2-7-3　销售订单

编号										合计
市场										
产品名称										
账期										
单价										
数量										
总额										
成本										
毛利润										
未售（标×）										

2.7.1.4 现金预算表（表2-7-4）

表2-7-4 现金预算表

项目	1季度	2季度	3季度	4季度
期初现金				
支付上年应交税费				
支付广告费用				
归还短期贷款及利息				
归还民间融资及利息				
新增短期贷款（+）				
新增民间融资				
应收账款到期（+）				
归还应付账款				
接受并支付已定货物（现金）				
产品研发投资				
变更（生产线）费用				
变卖生产线（+）				
购买/更新生产线				
加工费用				
交货现金收入（0账期）（+）				
支付行政管理费用				
其他（贴现费用/紧急采购费用/罚金/追加投资）				
归还长期贷款及利息				
新增长期贷款				
支付设备维修费				
购买厂房				
租赁厂房				
市场开拓投资				
ISO认证投资				
收入总计				
支出总计				
现金余额				

（说明：收入为正，支出为负）

2.7.1.5 产能预估（表 2-7-5）

表 2-7-5　产能预估

生产线	1 季度	2 季度	3 季度	4 季度
生产线 1				
生产线 2				
生产线 3				
生产线 4				
生产线 5				
生产线 6				
生产线 7				
生产线 8				

2.7.1.6 生产计划与物料需求计划（表 2-7-6）

表 2-7-6　生产计划与物料需求计划

生产线	1 季度				2 季度				3 季度				4 季度			
	产出计划	投产计划	原材料需求	原材料采购	产出计划	投产计划	原材料需求	原材料采购	产出计划	投产计划	原材料需求	原材料采购	产出计划	投产计划	原材料需求	原材料采购
1																
2																
3																
4																
5																
6																
7																
8																

2.7.1.7 采购计划汇总（表 2-7-7）

表 2-7-7　采购计划汇总

原材料	1 季度	2 季度	3 季度	4 季度
R1				
R2				
R3				
R4				

2.7.2 实施企业经营

2.7.2.1 任务清单——第 6 年（表 2-7-8）

表 2-7-8　第 6 年任务清单

上年权益		期初现金		上年短期贷款		上年民间融资	
任务	1 季度		2 季度		3 季度		4 季度
支付上年应交税费							
支付广告费用							
归还短期贷款及利息							
归还民间融资及利息							
新增短期贷款							
新增民间融资							
更新应收账款							
归还应付账款							
接受并支付已定货物							
下原材料订单							
产品研发投资							
更新生产							
完工入库							
调整（变卖/变更）生产线							
购买/更新生产线							
开始新的生产							
交货给客户							
支付行政管理费用							
其他（贴现/紧急采购/罚金/追加投资）							
归还长期贷款及利息							
新增长期贷款							
支付设备维修费							
租赁厂房							
购买厂房							
折旧费用							
市场开拓							
ISO 资格认证							
关账（记录得分）							

2.7.2.2　现金收支表（表 2-7-9）

表 2-7-9　现金收支表

项目	1 季度	2 季度	3 季度	4 季度
期初现金				
支付上年应交税费				
支付广告费用				
归还短期贷款及利息				
归还民间融资及利息				
新增短期贷款（+）				
新增民间融资（+）				
应收账款到期（+）				
归还应付账款				
接受并支付已定货物（现金）				
产品研发投资				
变更（生产线）费用				
变卖生产线（+）				
购买/更新生产线				
加工费用				
交货现金收入（0 账期）（+）				
支付行政管理费用				
其他（贴现费用/紧急采购费用/罚金/追加投资）				
归还长期贷款及利息				
新增长期贷款				
支付设备维修费				
购买厂房				
租赁厂房				
市场开拓投资				
ISO 认证投资				
收入总计				
支出总计				
现金余额				

2.7.2.3 综合费用表（表 2-7-10）

表 2-7-10 综合费用表

项 目	金 额	备 注
广告费用		
产品研发投资		
变更（生产线）费用		
行政管理费用		
设备维修费用		
厂房租金		□区域　□国内　□亚洲　□国际
市场准入开拓		□ ISO 9000　□ ISO 14000
ISO 资格认证		P2（　）　P3（　）　P4（　）
合计		

2.7.2.4 利润表（表 2-7-11）

表 2-7-11 利润表

项 目		年 初	年 末
销售收入	+		
直接成本	−		
毛利润	=		
综合费用	−		
折旧前利润	=		
折旧费用	−		
支付利息前利润	=		
财务收入 / 支出	+/−		
额外收入 / 支出	+/−		
税前利润	=		
所得税（25%）	−		
年度净利润	=		

2.7.2.5 资产负债表（表 2-7-12）

表 2-7-12　资产负债表

资产		年初	年末	负债 + 权益		年初	年末
固定资产				负债			
土地和建筑	+			长期负债	+		
机器和设备（含在建工程）	+			短期负债	+		
总固定资产	=			应付账款	+		
流动资产				应交税费	+		
现金	+			总负债	=		
应收账款	+			权益			
在制品	+			股东资本	+		
产成品	+			利润留存	+		
原材料	+			年度净利润	+		
总流动资产	=			所有者权益	=		
总资产	=			负债 + 权益	=		

2.7.3　学习与思考

2.7.3.1　小组讨论

（1）通过六年经营，你们企业最成功的决策是什么？最失败的决策是什么？应如何进行改进？

（2）你认为企业在发展过程中应该是先做大还是先做强？

（3）下一轮的演练你们准备采取何种战略，如何开局？

2.7.3.2 个人小结

完成任务后，将自己的认识收获进行总结。

2.7.3.3 PPT 汇报任务

小组根据以下要点进行讨论，对企业六年来的经营情况进行总结汇报，文件名定为"组号＋战略规划"，并由 CEO 负责整体战略规划汇报，其他各角色负责自己岗位的工作汇报。

（1）说明六年的战略规划；
（2）产品组合策略；
（3）产品研发策略；
（4）生产线买卖策略；
（5）广告策略；
（6）市场开拓及 ISO。

2.7.4 知识链接——企业战略规划

2.7.4.1 企业战略规划概述

企业要生存和发展必须先对企业的外部环境和内部条件进行分析，并在年初制定经营战略规划来指导企业经营。"凡事预则立，不预则废"，通过制定年初经营战略规划，让大家学会打有准备之仗。

一般来说，企业战略规划是企业面对激烈变化、严峻挑战的环境，为求得长期生存和发展而进行的总体性谋划。它是企业战略思想的集中体现，是企业经营范围的科学规划，同时又是制定计划的基础。更具体地说，企业战略是在符合和保证实现企业使命的条件下，在充分利用环境中存在的各种机会和创造新机会的基础上，确定企业同环境的关系，规定企业的经营范围、成长方向和竞争对策，合理地调整企业结构和分配企业的全部资源。从其制定要求来看，企业战略就是用机会和威胁评价现在和未来的环境，用优势和劣势评价企业现状，进而选择和确定企业的总体和长远目标，制定和抉择实现目标的行动方案。

2.7.4.2 企业战略制定的流程图

在企业经营沙盘模拟训练中，很多团队在年初讨论经营战略规划的时候讨论的热火朝天，但最后也只是制定了广告计划方案，或者只有每个角色孤立的计划，当正式经营的时候发现销售、生产、采购、财务等部门并不配合，导致计划难以实施，所以需要制定企业的总体经营战略规划。企业经营战略规划只有按照一定的流程进行制定，才能真正用于指导企业经营。企业经营战略规划的制定流程如图 2-7-1 所示。

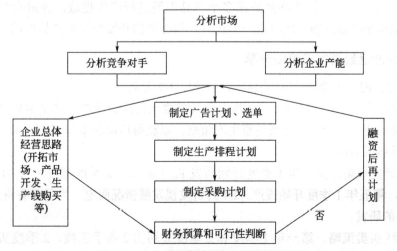

图 2-7-1 企业经营战略规划的制定流程

2.7.4.3 企业经营沙盘的战略规划技巧

（1）先发制人战略

第一年以高额广告策略夺得高额的订单，并利用这种优势积极开发新产品、开拓新市场，成功实现 P1 向 P2、P2 向 P3 或 P4 的主流产品过渡，同时筹集大量资金投资生产能力大的全自动或柔性线。在竞争中始终保持主流产品销售量和综合销量第一。同时以巨大的产能一直采用高广告策略争夺更多的销售订单。在整个经营过程中保持权益最高，使对手望尘莫及，最终拔得头筹。

（2）先屈后伸战略

前 1～2 年谨小慎微，缩小广告投入，减慢研发速度，背地里却摩拳擦掌，多建设备，多储资金，蓄势待发；中期大刀阔斧，突飞猛进。这种战术颇有道理，符合市场前期量小，中后期量大的特点，往往能产生石破天惊的效果，体现了"预先取之，必先予之"的道家思想，但要注意掌握好转折的时机，注意维持前段的存活空间。

（3）后发制人战略

前段平淡无奇，相貌平平，最后一两年突发奇兵，如占领国际市场，卖出大量产品或开发、生产出高价产品等，从而大幅度提高权益。此法可麻痹敌人，使其产生错误的判断，放慢脚步，自己则出奇制胜。此战略体现了"实则虚之，虚则实之"的孙子兵法思想，但只是短期冲高，上扬幅度有限，且若遇到同样战术者必然两败俱伤。

（4）规避竞争战略

规避竞争战略尽量减少两军相争，人弃我取。如别人不要国际市场，则自己占领它；别人不生产某产品，则自己生产它。此战略有可取之处，但缺少竞争对手的遏制，且开发的是非主流产品或非主流市场，开发时不是费用大就是周期长，因此也会有风险。

（5）专营战略

专营战略是以一种产品为主进行广告投放，减少广告费用支出，同时也可减少开发费用以及其他开支。此战略可以集中精力，但竞争面狭窄，没有考虑产品的生命周期和市场需求量等因素，不易取得市场领导者的地位。

（6）兼营战略

与专营战略相比，兼营战略就是在多个产品市场进行广告投放，并进行多种产品的生产，以此占领多个产品市场，此战略较为稳妥，但会增加开发费用和其他费用开支。

2.7.4.4 企业沙盘经营常见策略分享

（1）走 P1、P2、P3 组合策略的路线，以 P2、P3 为主

在比赛对抗中，生产 P1、P2、P3 组合是最常规化的经营策略。其基本思路是：根据每年产品需求量的变化及价格变化来调整生产策略，以获得尽可能多和好的订单来维持生存并求得发展。具体策略如下。

① 产品研发策略。第一年 1 季度开始研发 P2（第二年 2 季度可投产）；第三年 4 季度开始研发 P3，第五年 1 季度开始投产。P4 的研发视发展情况而定，为了节省资金维持权益，也可放弃 P4 的研发。

② 生产线买卖策略。第一年 1 季度和 2 季度分别卖 2 条手工线，2 季度买 2 条全自动线生产 P2，4 季度再卖 1 条手工线（半自动线可保留）。第二年 1 季度买 1 条全自动线生产

P2。第四年扩张 B 厂房，买 3 条全自动线生产 P3（第五年 1 季度可生产，与产品研发相衔接）。第五年扩张 C 厂房，买 1 条全自动线或柔性线生产 P3。

关于生产线买卖，前期因受资金影响，同时也考虑到后期的折旧，不宜扩张太快。比如，如果第一年就买 3 条全自动，每条全自动购买价 16M，共需要 48M，必然要多贷款，从而承担较重的利息负担。同时按照规则，第三年每条生产线将折旧 5M，共 15M 的折旧费，也将会使权益下降 15M。所以前期不宜过度扩张。

③ 广告策略。广告策略是最灵活和最重要的一项策略，如何发挥最大的广告效应，是经营成败的关键。有可能投入了很高的广告费，却没能获得理想的订单，将会使权益迅速下降，使经营面临困境。笔者的看法是对 P1 产品不宜投放过多广告，真正经营困难主要是第三、四年。因此保持这一时期的权益很重要。而 P1 相对来说订单较多，只要在前三年卖出就可以，所以可尽量压缩 P1 的广告费用。而 P2 产品在第三年价格较高，且订单非常有限，即使投入了广告也不一定能抢到订单，所以第三年抢夺 P2 是重点，可以增加广告投放，比如本地市场投入 9M 左右的广告费，也是正常的。第四年之后 P2、P3 的广告费则更多要视竞争状况来制定，如果破产的比较多了可降低广告费等。另外，在投放广告的时候，不宜在各个市场上平均分配广告费用，比如三个市场分别投入 6、6、6，共 18M，可能都拿不到好订单。而如果投 9、2、7 可能会获得更好的效果。

④ 市场开拓、ISO 认证。若不进行市场开拓，将意味着失去一些市场，企业很难获得发展。因此，市场开拓是必要的。但为了保持前期的权益，在市场开拓的时间选择上可以灵活掌握。此外，按照规则，银行的贷款额度是上一年权益的 2 倍减去已贷额度，而贷款的额度只能是 20 的整数倍。所以权益最好能保持 10 的整数倍，如 10 以下的权益不能获得贷款，10～19 能获得 20M 的贷款，20～29 能获得 40M 的贷款，依此类推。因此，为了保持 10 的整数倍的权益，有时有必要放弃某个市场的开拓。比如若当前权益是 32，为了保持 30 的权益，则可只开拓 2 个市场。

另外，ISO 的认证不仅可以加分，而且有些订单是必须具备该认证才有资格获取，因此 ISO 认证也是必要的。同样为了合理分配费用，保持权益，可以将 ISO 9000 认证推到第二年。

(2) 走 P1、P3 组合策略的路线

该策略的基本思路是：不走大众化路线，一开始就做 P3，先入为主，可能获得良好的发展。但该策略有一定的风险，就是第二年、第三年 P3 的订单数量比较少。如果同时有几个竞争对手采取此策略，P3 的竞争会非常激烈，而生产 P2 的企业反而会获得良好的发展。

① 产品研发策略。第一年 1 季度就开始研发 P3（为了保持权益，不要研发 P2 和 P4）如果前三年发展得非常好，可考虑研发 P4，在第五、六年生产 P4 产品，分散风险。

② 生产线买卖策略。第一年 1、2 季度卖掉手工线，并在 2 季度买 2 条全自动线生产 P3；第一年 4 季度卖手工线；第二年 1 季度买 1 条全自动线生产 P3。如果第二年、三年发展好，可在第三年扩张 C 厂房，买一条全自动线生产 P3。并且视竞争情况考虑生产 P4，于第四年或第五年扩张 B 厂房生产 P4；若不生产 P4，则扩张 B 厂房时可考虑买部分全自动线（或柔性线）生产 P1。

③ 广告策略。同样 P1 产品不宜投入太高的广告，如第一年本地市场只投 3 或以下的广告费；第二年本地市场投 2 或 1（区域市场可放弃）；第三年本地、区域、国内各投放 1M 的广告。第二年 P3 产品投入 4M 以下的广告；如果同时有几家竞争，则后面再增加广告投入。

此外，广告投放还要考虑各市场的订单量、订单的价格等因素。

④ 市场开发、ISO 认证。由于相对而言只生产 P3 的风险要大一些，所以一般每个市场（区域、国内、亚洲、国际）都需要开发。但考虑到 P3 的国际市场到第六年才有 P3 订单，所以国际市场的开发可以晚一年开始，以保持权益。同样 ISO 9000 认证也可以从第二年开始认证。

（3）走 P1、P4 组合策略的路线

该策略的基本思路是：出其不意，后发制人。前期非常保守，后期发展非常强劲。表面上看生产 P4 的风险非常大，因为 P4 到第四年才有市场需求，生产成本高。但实际上生产 P4 往往可避开激烈竞争，收到意想不到的效果。生产 P4 最大的好处是竞争少，可节省广告费用，后期市场价格高。并且生产 P4 的操作相对简单，只把握几点就可以。

① 产品研发策略。由于 P4 产品到第四年的区域市场才有需求，所以 P4 的研发不宜过早，否则由于研发费用高，必然对权益影响很大，比较合适的是在第二年 4 季度开始研发，第四年 1 季度可生产。另外，由于前期不需要进行产品研发，所以资金非常节省。不需要或只需少量的银行贷款。

② 生产线买卖策略。第一年不需要买卖生产线，保持原有的 3 条手工线和 1 条半自动线，生产 P1 产品。第二年 3 季度出售 1 条手工线，4 季度再出售 1 条手工线和 1 条半自动线，第三年 1 季度再出售 1 条手工线，同时在 A 厂房购买 4 条全自动线生产 P4。第四年在 B 厂房购买 3 条全自动线生产 P4，第五年在 C 厂房购买 1 条柔性线生产 P4（或 P1）。

③ 广告策略。前三年只投 P1 产品的广告，由于 P1 相对订单较多，一般前三年都可卖完，所以可相对节省广告费用。若第三年卖完 P1 产品，从第四年开始就只需要投入 P4 的广告。如果没有竞争，只需要各市场投入 1M 的广告费即可。

④ 市场开发、ISO 认证。根据 P4 产品市场订单需求的特点，到第五年对 ISO 认证才有要求，所以 ISO 9000 可从第三年开始认证。而国际市场对 P4 产品在六年的经营期间内均无需求。所以可放弃国际市场的开发，节省费用，保持权益。

一般来说，走 P4 的路线在第四年是低谷阶段，第五年随着需求量增加及价格上升，开始发力。如果竞争少，第六年经营结束时往往会突飞猛进，名列前茅。即使是后期有加入者，由于生产能力有限，竞争力也不强，且对加入者自身产生非常不利的影响。

总结：ITMC 企管沙盘经营策略多种多样，并且各种策略的运用是在动态的博弈环境中进行的，所以不存在最优的固定发展模式。以上探讨的几种发展策略，仅为沙盘经营者提供一些启发性的参考意见。

3
电子沙盘经营

【项目介绍】

通过前面六年实物沙盘经营的训练与操作，同学们应该对企业沙盘的运营规则、运营流程、运营策略等有了比较深入的学习和理解。因此，同学们可以不再借助实物沙盘，直接以企业经营沙盘软件为载体进行一场比赛。

【学习目标】

（一）能力目标

（1）能根据职业要求开展企业管理工作；

（2）能针对企业经营活动进行环境、资源分析，制定企业的生产、研发、营销、财务等计划；

（3）能根据市场预测报告进行市场分析，制定企业 STP 策略；

（4）能进行产能估计和采购管理，根据市场需要和企业的生产状况合理组织生产；

（5）能根据企业的需要筹集资金；

（6）能根据计划实施各项企业经营管理策略。

（二）知识目标

（1）掌握企业的工作流程，掌握企业主要管理岗位的工作职责；

（2）掌握企业筹集资金的渠道及其优缺点；掌握财务分析的主要指标；

（3）理解企业经营战略含义及企业经营战略规则的内容。

（三）素质目标

（1）培养学员与人沟通和协调的技巧和能力；

（2）培养学员注意细节、耐心细致的良好品质；

（3）培养学员的耐压力和承受力；

（4）培养学员能预见可能出现的问题，能想方设法克服困难，解决问题。

【项目操作设定】

各企业小组根据自身的职位各司其职，利用下面的数据表格记录和计算相关企业经营数据，以此来辅助完成电子沙盘运营。

（一）企管沙盘竞赛软件初始设定

（1）企业经营过程中不得追加股东投资。

（2）企业经营过程中不允许使用转让产品、紧急原料采购等特殊任务。

（3）设置 CEO 控制权限为开放 CEO 所有权限；竞单模式采用网络竞单模式；运行模式采用比赛模式；根据参赛队数设定软件参赛组数。

（4）随机事件发生控制，不采用原料到达延迟事件；允许订单随机事件。

（二）企管沙盘竞赛软件时间控制

比赛过程中广告投放时间限定为 10 分钟，超时将失去选单机会；每年经营总时间（竞单结束至关账为每年经营总时间）限定为 40 分钟。每超时 1 分钟扣 10 分。每年经营结束休息 5～10 分钟，由现场裁判控制。

3.1 第 1 年经营

(1) 现金预算/收支表（表 3-1-1）

表 3-1-1　现金预算/收支表

项目	1 季度	2 季度	3 季度	4 季度
期初现金				
支付上年应交税费				
支付广告费用				
归还短期贷款及利息				
归还民间融资及利息				
新增短期贷款（+）				
新增民间融资（+）				
应收账款到期（+）				
归还应付账款				
接受并支付已定货物（现金）				
产品研发投资				
变更（生产线）费用				
变卖生产线（+）				
购买/更新生产线				
加工费用				
交货现金收入（0 账期）（+）				
支付行政管理费用				
其他（贴现费用/紧急采购费用/罚金/追加投资）				
归还长期贷款及利息				
新增长期贷款				
支付设备维修费				
购买厂房				
租赁厂房				
市场开拓投资				
ISO 认证投资				
收入总计				
支出总计				
现金余额				

（说明：收入为正，支出为负）

(2)产能预估(表 3-1-2)

表 3-1-2　产能预估

生产线	1 季度	2 季度	3 季度	4 季度
生产线 1				
生产线 2				
生产线 3				
生产线 4				
生产线 5				
生产线 6				
生产线 7				
生产线 8				

(3)生产计划与物料需求计划(表 3-1-3)

表 3-1-3　生产计划与物料需求计划

生产线	1 季度				2 季度				3 季度				4 季度			
	产出计划	投产计划	原材料需求	原材料采购	产出计划	投产计划	原材料需求	原材料采购	产出计划	投产计划	原材料需求	原材料采购	产出计划	投产计划	原材料需求	原材料采购
1																
2																
3																
4																
5																
6																
7																
8																

(4)采购计划汇总(表 3-1-4)

表 3-1-4　采购计划汇总

原材料	1 季度	2 季度	3 季度	4 季度
R1				
R2				
R3				
R4				

(5) 综合费用表（表 3-1-5）

表 3-1-5　综合费用表

项　目	金　额	备　注
广告费用		
产品研发投资		
变更（生产线）费用		
行政管理费用		
设备维修费用		
厂房租金		□区域　　□国内　　□亚洲　　□国际
市场准入开拓		□ ISO 9000　　□ ISO 14000
ISO 资格认证		P2（　　）　　P3（　　）　　P4（　　）
合计		

(6) 利润表（表 3-1-6）

表 3-1-6　利润表

项　目		年　初	年　末
销售收入	+	36	
直接成本	−	−14	
毛利润	=	22	
综合费用	−	−9	
折旧前利润	=	13	
折旧费用	−	−5	
支付利息前利润	=	8	
财务收入/支出	+/−	−2	
额外收入/支出	+/−	0	
税前利润	=	6	
所得税（25%）	−	−2	
年度净利润	=	4	

3.2 第 2 年经营

(1) 现金预算 / 收支表 (表 3-2-1)

表 3-2-1　现金预算 / 收支表

项目	1 季度	2 季度	3 季度	4 季度
期初现金				
支付上年应交税费				
支付广告费用				
归还短期贷款及利息				
归还民间融资及利息				
新增短期贷款（+）				
新增民间融资（+）				
应收账款到期（+）				
归还应付账款				
接受并支付已定货物（现金）				
产品研发投资				
变更（生产线）费用				
变卖生产线（+）				
购买 / 更新生产线				
加工费用				
交货现金收入（0 账期）（+）				
支付行政管理费用				
其他（贴现费用 / 紧急采购费用 / 罚金 / 追加投资）				
归还长期贷款及利息				
新增长期贷款				
支付设备维修费				
购买厂房				
租赁厂房				
市场开拓投资				
ISO 认证投资				
收入总计				
支出总计				
现金余额				

（说明：收入为正，支出为负）

(2) 产能预估（表 3-2-2）

表 3-2-2 产能预估

生产线	1 季度	2 季度	3 季度	4 季度
生产线 1				
生产线 2				
生产线 3				
生产线 4				
生产线 5				
生产线 6				
生产线 7				
生产线 8				

(3) 生产计划与物料需求计划（表 3-2-3）

表 3-2-3 生产计划与物料需求计划

生产线	1 季度				2 季度				3 季度				4 季度			
	产出计划	投产计划	原材料需求	原材料采购	产出计划	投产计划	原材料需求	原材料采购	产出计划	投产计划	原材料需求	原材料采购	产出计划	投产计划	原材料需求	原材料采购
1																
2																
3																
4																
5																
6																
7																
8																

(4) 采购计划汇总（表 3-2-4）

表 3-2-4 采购计划汇总

原材料	1 季度	2 季度	3 季度	4 季度
R1				
R2				
R3				
R4				

(5) 综合费用表（表 3-2-5）

表 3-2-5 综合费用表

项 目	金 额	备 注
广告费用		
产品研发投资		
变更（生产线）费用		
行政管理费用		
设备维修费用		
厂房租金		□区域　□国内　□亚洲　□国际
市场准入开拓		□ ISO 9000　　□ ISO 14000
ISO 资格认证		P2（　　）　P3（　　）　P4（　　）
合计		

(6) 利润表（表 3-2-6）

表 3-2-6 利润表

项 目		年 初	年 末
销售收入	+		
直接成本	−		
毛利润	=		
综合费用	−		
折旧前利润	=		
折旧费用	−		
支付利息前利润	=		
财务收入/支出	+/−		
额外收入/支出	+/−		
税前利润	=		
所得税（25%）	−		
年度净利润	=		

3.3 第3年经营

(1) 现金预算/收支表（表3-3-1）

表3-3-1 现金预算/收支表

项目	1季度	2季度	3季度	4季度
期初现金				
支付上年应交税费				
支付广告费用				
归还短期贷款及利息				
归还民间融资及利息				
新增短期贷款（+）				
新增民间融资（+）				
应收账款到期（+）				
归还应付账款				
接受并支付已定货物（现金）				
产品研发投资				
变更（生产线）费用				
变卖生产线（+）				
购买/更新生产线				
加工费用				
交货现金收入（0账期）（+）				
支付行政管理费用				
其他（贴现费用/紧急采购费用/罚金/追加投资）				
归还长期贷款及利息				
新增长期贷款				
支付设备维修费				
购买厂房				
租赁厂房				
市场开拓投资				
ISO认证投资				
收入总计				
支出总计				
现金余额				

（说明：收入为正，支出为负）

(2) 产能预估（表 3-3-2）

表 3-3-2　产能预估

生产线	1 季度	2 季度	3 季度	4 季度
生产线 1				
生产线 2				
生产线 3				
生产线 4				
生产线 5				
生产线 6				
生产线 7				
生产线 8				

(3) 生产计划与物料需求计划（表 3-3-3）

表 3-3-3　生产计划与物料需求计划

生产线	1 季度				2 季度				3 季度				4 季度			
	产出计划	投产计划	原材料需求	原材料采购	产出计划	投产计划	原材料需求	原材料采购	产出计划	投产计划	原材料需求	原材料采购	产出计划	投产计划	原材料需求	原材料采购
1																
2																
3																
4																
5																
6																
7																
8																

(4) 采购计划汇总（表 3-3-4）

表 3-3-4　采购计划汇总

原材料	1 季度	2 季度	3 季度	4 季度
R1				
R2				
R3				
R4				

(5) 综合费用表（表 3-3-5）

表 3-3-5　综合费用表

项　目	金　额	备　注
广告费用		
产品研发投资		
变更（生产线）费用		
行政管理费用		
设备维修费用		
厂房租金		□区域　□国内　□亚洲　□国际
市场准入开拓		□ ISO 9000　□ ISO 14000
ISO 资格认证		P2（　）　P3（　）　P4（　）
合计		

(6) 利润表（表 3-3-6）

表 3-3-6　利润表

项　目		年　初	年　末
销售收入	+		
直接成本	−		
毛利润	=		
综合费用	−		
折旧前利润	=		
折旧费用	−		
支付利息前利润	=		
财务收入/支出	+/−		
额外收入/支出	+/−		
税前利润	=		
所得税（25%）	−		
年度净利润	=		

3.4 第 4 年经营

（1）现金预算 / 收支表（表 3-4-1）

表 3-4-1 现金预算 / 收支表

项目	1 季度	2 季度	3 季度	4 季度
期初现金				
支付上年应交税费				
支付广告费用				
归还短期贷款及利息				
归还民间融资及利息				
新增短期贷款（+）				
新增民间融资（+）				
应收账款到期（+）				
归还应付账款				
接受并支付已定货物（现金）				
产品研发投资				
变更（生产线）费用				
变卖生产线（+）				
购买 / 更新生产线				
加工费用				
交货现金收入（0 账期）（+）				
支付行政管理费用				
其他（贴现费用 / 紧急采购费用 / 罚金 / 追加投资）				
归还长期贷款及利息				
新增长期贷款				
支付设备维修费				
购买厂房				
租赁厂房				
市场开拓投资				
ISO 认证投资				
收入总计				
支出总计				
现金余额				

（说明：收入为正，支出为负）

（2）产能预估（表3-4-2）

表3-4-2　产能预估

生产线	1季度	2季度	3季度	4季度
生产线1				
生产线2				
生产线3				
生产线4				
生产线5				
生产线6				
生产线7				
生产线8				

（3）生产计划与物料需求计划（表3-4-3）

表3-4-3　生产计划与物料需求计划

生产线	1季度				2季度				3季度				4季度			
	产出计划	投产计划	原材料需求	原材料采购	产出计划	投产计划	原材料需求	原材料采购	产出计划	投产计划	原材料需求	原材料采购	产出计划	投产计划	原材料需求	原材料采购
1																
2																
3																
4																
5																
6																
7																
8																

（4）采购计划汇总（表3-4-4）

表3-4-4　采购计划汇总

原材料	1季度	2季度	3季度	4季度
R1				
R2				
R3				
R4				

（5）综合费用表（表 3-4-5）

表 3-4-5　综合费用表

项　目	金　额	备　注
广告费用		
产品研发投资		
变更（生产线）费用		
行政管理费用		
设备维修费用		
厂房租金		□区域　　□国内　　□亚洲　　□国际
市场准入开拓		□ ISO 9000　　□ ISO 14000
ISO 资格认证		P2（　　）　P3（　　）　P4（　　）
合计		

（6）利润表（表 3-4-6）

表 3-4-6　利润表

项　目		年　初	年　末
销售收入	+		
直接成本	−		
毛利润	=		
综合费用	−		
折旧前利润	=		
折旧费用	−		
支付利息前利润	=		
财务收入/支出	+/−		
额外收入/支出	+/−		
税前利润	=		
所得税（25%）	−		
年度净利润	=		

3.5 第 5 年经营

(1) 现金预算/收支表 (表 3-5-1)

表 3-5-1 现金预算/收支表

项目	1 季度	2 季度	3 季度	4 季度
期初现金				
支付上年应交税费				
支付广告费用				
归还短期贷款及利息				
归还民间融资及利息				
新增短期贷款（+）				
新增民间融资（+）				
应收账款到期（+）				
归还应付账款				
接受并支付已定货物（现金）				
产品研发投资				
变更（生产线）费用				
变卖生产线（+）				
购买/更新生产线				
加工费用				
交货现金收入（0 账期）（+）				
支付行政管理费用				
其他（贴现费用/紧急采购费用/罚金/追加投资）				
归还长期贷款及利息				
新增长期贷款				
支付设备维修费				
购买厂房				
租赁厂房				
市场开拓投资				
ISO 认证投资				
收入总计				
支出总计				
现金余额				

（说明：收入为正，支出为负）

(2)产能预估(表 3-5-2)

表 3-5-2 产能预估

生产线	1季度	2季度	3季度	4季度
生产线1				
生产线2				
生产线3				
生产线4				
生产线5				
生产线6				
生产线7				
生产线8				

(3)生产计划与物料需求计划(表 3-5-3)

表 3-5-3 生产计划与物料需求计划

生产线	1季度				2季度				3季度				4季度			
	产出计划	投产计划	原材料需求	原材料采购	产出计划	投产计划	原材料需求	原材料采购	产出计划	投产计划	原材料需求	原材料采购	产出计划	投产计划	原材料需求	原材料采购
1																
2																
3																
4																
5																
6																
7																
8																

(4)采购计划汇总(表 3-5-4)

表 3-5-4 采购计划汇总

原材料	1季度	2季度	3季度	4季度
R1				
R2				
R3				
R4				

（5）综合费用表（表 3-5-5）

表 3-5-5　综合费用表

项　目	金　额	备　注
广告费用		
产品研发投资		
变更（生产线）费用		
行政管理费用		
设备维修费用		
厂房租金		□区域　　□国内　　□亚洲　　□国际
市场准入开拓		□ ISO 9000　　□ ISO 14000
ISO 资格认证		P2（　　）　　P3（　　）　　P4（　　）
合计		

（6）利润表（表 3-5-6）

表 3-5-6　利润表

项　目		年　初	年　末
销售收入	＋		
直接成本	－		
毛利润	＝		
综合费用	－		
折旧前利润	＝		
折旧费用	－		
支付利息前利润	＝		
财务收入/支出	＋/－		
额外收入/支出	＋/－		
税前利润	＝		
所得税（25%）	－		
年度净利润	＝		

3.6 第6年经营

(1) 现金预算/收支表 (表3-6-1)

表3-6-1 现金预算/收支表

项目	1季度	2季度	3季度	4季度
期初现金				
支付上年应交税费				
支付广告费用				
归还短期贷款及利息				
归还民间融资及利息				
新增短期贷款（+）				
新增民间融资（+）				
应收账款到期（+）				
归还应付账款				
接受并支付已定货物（现金）				
产品研发投资				
变更（生产线）费用				
变卖生产线（+）				
购买/更新生产线				
加工费用				
交货现金收入（0账期）（+）				
支付行政管理费用				
其他（贴现费用/紧急采购费用/罚金/追加投资）				
归还长期贷款及利息				
新增长期贷款				
支付设备维修费				
购买厂房				
租赁厂房				
市场开拓投资				
ISO认证投资				
收入总计				
支出总计				
现金余额				

(说明：收入为正，支出为负)

(2)产能预估(表 3-6-2)

表 3-6-2 产能预估

生产线	1 季度	2 季度	3 季度	4 季度
生产线 1				
生产线 2				
生产线 3				
生产线 4				
生产线 5				
生产线 6				
生产线 7				
生产线 8				

(3)生产计划与物料需求计划(表 3-6-3)

表 3-6-3 生产计划与物料需求计划

生产线	1 季度				2 季度				3 季度				4 季度			
	产出计划	投产计划	原材料需求	原材料采购	产出计划	投产计划	原材料需求	原材料采购	产出计划	投产计划	原材料需求	原材料采购	产出计划	投产计划	原材料需求	原材料采购
1																
2																
3																
4																
5																
6																
7																
8																

(4)采购计划汇总(表 3-6-4)

表 3-6-4 采购计划汇总

原材料	1 季度	2 季度	3 季度	4 季度
R1				
R2				
R3				
R4				

(5) 综合费用表（表 3-6-5）

表 3-6-5 综合费用表

项 目	金 额	备 注
广告费用		
产品研发投资		
变更（生产线）费用		
行政管理费用		
设备维修费用		
厂房租金		□区域　　□国内　　□亚洲　　□国际
市场准入开拓		□ ISO 9000　　□ ISO 14000
ISO 资格认证		P2（　　）　P3（　　）　P4（　　）
合计		

(6) 利润表（表 3-6-6）

表 3-6-6 利润表

项 目		年 初	年 末
销售收入	+		
直接成本	−		
毛利润	=		
综合费用	−		
折旧前利润	=		
折旧费用	−		
支付利息前利润	=		
财务收入/支出	+/−		
额外收入/支出	+/−		
税前利润	=		
所得税（25%）	−		
年度净利润	=		

附录

沙盘教具介绍

1.1 沙盘牌面介绍

1.1.1 沙盘软件牌面介绍

企业总裁打开学生客户端软件后，点开"CEO"进入的就是沙盘软件的操作牌面，分为两大区块。如附图1所示。

左侧为沙盘牌面区，有图形和数据显示，可以比较直观地显示各个部分的经营情况及信息，和实物沙盘摆放应该一致。

右侧为操作流程区，沙盘经营一共经营六年，每一年包含四个季度，第一季度包含期初经营，第四季度包含期末经营，大部分操作流程都是不可逆转的。

另外，还有经营分析和特殊任务项目进行查看和操作。

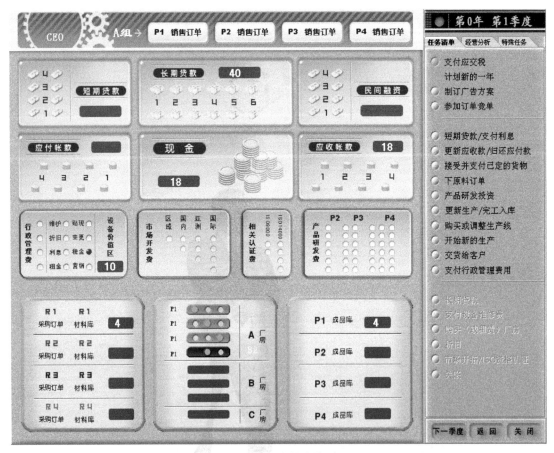

附图1　沙盘软件牌面

1.1.2 实物沙盘牌面介绍

实物沙盘牌面没有操作区块,沙盘牌面区基本和软件沙盘牌面一致,根据职位可以分为四大区块:营销区、财务区、生产区、研发区。如附图 2 所示。学员根据自己的角色围坐在实物沙盘各大区块周围。

在实物沙盘经营时,先操作实物沙盘。根据实物沙盘操作再进行软件沙盘操作,两个沙盘牌面情况要一致。

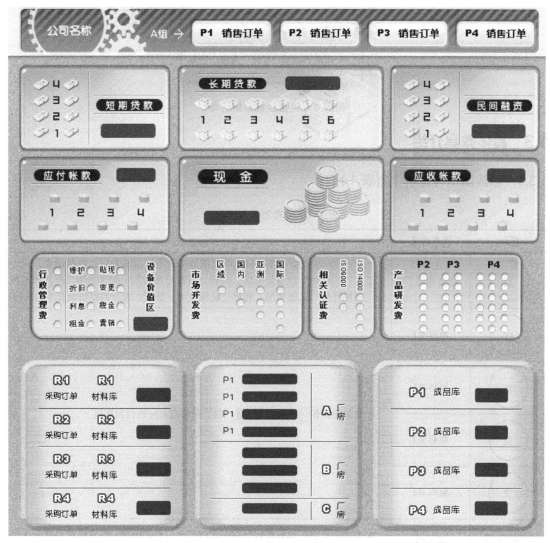

附图 2　实物沙盘牌面

1.2 沙盘订单介绍

1.2.1 软件沙盘销售订单

竞单结束后销售订单将会进入软件沙盘牌面上方区"P1 销售订单""P2 销售订单""P3 销售订单""P4 销售订单"(附图 3),点开任何一个订单区,所有竞单选择的订单都在里面。

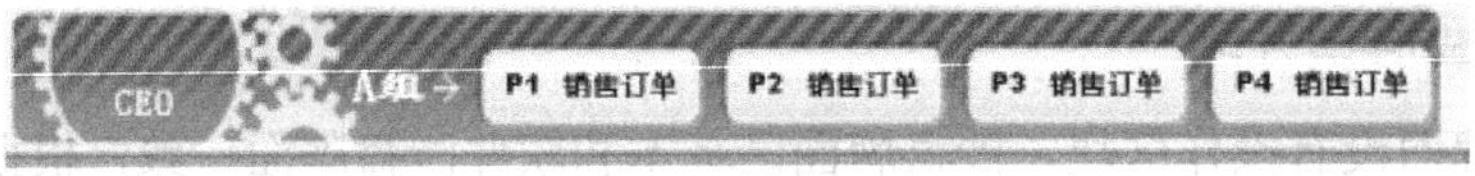

附图 3　销售订单区

1.2.2　实物沙盘销售订单

实物沙盘销售订单（附图 4）基本信息和软件沙盘销售订单基本一致，不同的地方在于多了一个年份说明。

附图 4　实物沙盘销售订单

1.3　具体教具介绍

1.3.1　教具图示与说明（附表 1）

附表 1　教具图示与说明

图示	代表含义	使用方法
蓝	现金和资产	一个代表一百万，简称 1M，可以摆放在财务区、研发区：包括现金、应收账款、厂房价值、设备价值区、广告、行政管理费用、加工费用、产品研发投资、市场开拓、认证费用、利息、贴现费用、折旧、罚金等跟资金有关的区域
红	原料 R1	一个原料价值一百万，即 1M，摆放在各自对应的材料库区
绿	原料 R2	
灰	原料 R3	
黄	原料 R4	
 手工线	手工线	正面是蓝色的，反面是白色的，正面有三个白色圆圈，代表生产效率为 3 季度才能生产一个产品
 半自动线	半自动线	正面是玫红色的，反面是白色的，正面有两个白色圆圈，代表生产效率为 2 季度才能生产一个产品
 全自动线	全自动线	正面是绿色的，反面是白色的，正面有一个白色圆圈，代表生产效率为 1 季度才能生产一个产品
柔性线	柔性线	正面是橘红色的，反面是白色的，正面有一个白色圆圈，代表生产效率为 1 季度才能生产一个产品

1.3.2 生产流程说明

1. 更新生产 / 完工入库

更新生产时，将生产线（手工线 / 半自动线）上的产品向前推进一个圈；如果产品已经在生产线上最后一个圈中，将生产线上的产品拿到对应产品的仓库中，就是完工入库。

2. 开始新的生产

当生产线上没有产品可以开始新的生产时，根据产品 BOM 结构图，从原料库拿出原料加上加工费放到生产线第一个圈中。

3. 购买新的生产线

手工线购买之后，直接将手工线正面朝上，就可以进行生产。

另外三种生产线购买后不能立刻生产，都有安装周期。在安装期间，生产线反面（白色）朝上，按照安装周期放上每季度对应的购买费用。

当安装周期结束后，将生产线翻过来正面朝上，购买生产线费用放入对应的设备价值区。

4. 变更生产线

变更生产线指的是生产线转产，生产线变更时生产线上没有产品。

手工线和柔性线没有变更周期，变更生产线生产时，直接进行更新后的产品生产。

半自动线和全自动线在变更时有周期，跟安装新的生产线一样，反面朝上，将变更费用放在反面，变更周期结束后，生产线翻过来正面朝上，变更费用放入费用区的"变更"位置上。

5. 变卖生产线

生产线上没有产品时可以进行变更和变卖。

利润表编制说明

利 润 表

编报单位：百万元

项目	行次	数据来源
销售	1	"登记销售订单"表中的"总额"合计
直接成本	2	"登记销售订单"表中的已交货订单"成本"合计
毛利润	3	"登记销售订单"表中的已交货订单"毛利润"合计（第1行数据－第2行数据）
综合费用	4	"综合费用表"中的"合计" （行政管理费＋广告费＋设备维修费＋厂房租金＋生产线变更费＋市场开拓＋ISO认证＋产品研发）
折旧前利润	5	第3行数据－第4行数据
折旧费用	6	固定资产明细表中本期折旧合计
支付利息前利润	7	第5行数据－第6行数据
财务收入/支出	8	贷款（包含短期贷款、长期贷款）利息＋民间融资利息＋贴现费用等计入财务支出
额外收入/支出	9	变卖生产线的出售残值－变卖生产线的固定资产清理费－罚金－紧急采购原材料的采购费用
税前利润	10	第7行数据 +/－ 第8行数据 +/－ 第9行数据
所得税	11	第10行数据×0.25
年度净利润	12	第10行数据－第11行数据

说明：如果前几年净利润为负数，今年的盈利可用来弥补以前的亏损，可以减除的亏损至多为五年。

资产负债表编制说明

资 产 负 债 表

编报单位：百万元

资产	数据来源	负债和所有者权益	数据来源
固定资产：		负债：	
土地和建筑	拥有厂房价值之和	长期负债	盘点长期负债
机器和设备（含在建工程）	设备价值区总和＋在建工程总和	短期负债	盘点短期借款和民间融资
总固定资产	以上两项之和	应付账款	盘点应付账款
流动资产：		应交税费	根据利润表中的所得税
现金	盘点现金库中的现金	总负债	以上四项之和
应收账款	盘点应收账款	权益：	
在制品	盘点生产线上的在制品成本之和	股东资本	股东不增资的情况下为45
产成品	盘点成品库中的成品之和	利润留存	上年利润留存＋上年利润
原材料	盘点原料库中的原料之和	年度净利	利润表中的净利润
总流动资产	以上五项之和	所有者权益	以上三项之和
总资产	总流动资产＋总固定资产	负债加权益	总负债＋所有者权益

竞单顺序记录表

竞单顺序	年份	本地	区域	国内	亚洲	国际
P1	1					
	2					
	3					
	4					
	5					
	6					
P2	2					
	3					
	4					
	5					
	6					
P3	2					
	3					
	4					
	5					
	6					
P4	4					
	5					
	6					

参 考 文 献

[1] 黎群，王莉.企业文化.第2版[M].北京：清华大学出版社，北京交通大学出版社，2012.
[2] 丁雯.企业文化基础.第3版[M].大连：东北财经大学出版社，2018.
[3] 孙国忠，陆婷.市场营销实务.第2版[M].北京：北京师范大学出版社，2015.
[4] 兰炜.市场营销理论与技能训练[M].北京：化学工业出版社，2012.
[5] 金志芳.企业经营实战演练[M].北京：化学工业出版社，2009.
[6] 谢雪峰.基于ITMC企业经营管理沙盘训练[M].镇江：江苏大学出版社，2017.
[7] 寇鹏.ERP沙盘模拟经营教程[M].北京：清华大学出版社，2017.
[8] 邓文博，姜庆.ITMC企业经营沙盘模拟实训教程[M].北京：清华大学出版社，2018.
[9] 周莉.企业沙盘模拟经营课程的教学难点及对策分析[J].企业改革与管理，2018(23).
[10] 孙静.基础会计.第3版[M].上海：上海财经大学出版社，2007.
[11] 赵建勇.预算会计.第3版[M].上海：上海财经大学出版社，2007.
[12] 于富生等.成本会计学.第4版[M].北京：中国人民大学出版社，2007.
[13] 路宏达.现代生产管理.北京：中国财政经济出版社，2014.
[14] 张前.论会计学专业ERP沙盘模拟的学与教[J].新会计，2014(02).
[15] 刘雯.ERP会计沙盘提升会计专业学生能力之教学心得[J].市场论坛，2014(02).